広島は変わる！

The Economy of Hiroshima

広島の経済

広島文教大学教授
松原淳一

南々社

広島は変わる！

広島の経済

はじめに――なぜ今、広島は変わろうとしているのか

本書は、ビジネスマンや学生を想定して、広島の経済を解説したものであるが、経済学の知識が少ない人でも理解できるよう専門用語は極力使用していない。また、広島の歴史・地理・気候など幅広い視点で広島を解きほぐしながら、広島の未来を提言している。このため、広島在住の企業経営者はもちろん、広島に初めて来た転勤族や就職先を迷っている学生が、広島とはどのような地域なのかを理解する上で役立つはずである。また、県外の大学に通っている子供に広島に帰ってきてもらいたいと思っている保護者は、広島の良さが満載の本書を子供に送ると、広島に戻ってきてくれるかもしれない。

本書の中心テーマは「広島の未来」である。しかし、未来を展望するためには今を正しく知る必要がある。今を正しく知るためには過去を理解する必要がある。こうした考えに基づき、本書は広島の過去、広島の今、広島の未来の順に構成されている。もっとも、本書の中

心テーマは広島の未来なので、先に未来を読んでも構わない。

現在の広島県は、中四国地方最大の工業県・商業県であり、広島市は中四国地方の広域中心都市である。しかしながら、人口減少社会の到来、製造業の海外シフト、訪日外国人観光客への対応の遅れ、中心市街地の老朽化などに直面している。こうした環境変化に対応しながら将来に向かう戦略として、スポーツ、音楽、伝統文化などによる交流人口の拡大と、そのための基盤整備が必要であることを提言している。

現在、広島の街は大きく変わりつつある。広島駅周辺は2003年7月に「都市再生緊急整備地域」に指定されて以降、マツダスタジアムや多くの高層ビルが建設され、近代的な街に生まれ変わった。そして2018年10月に、広島市中心部の「紙屋町・八丁堀地区」が「都市再生緊急整備地域」に指定された。中四国地方最大の中心業務地区・商業地区が再開発され、新サッカースタジアムの建設や、旧広島市民球場跡地の活用に向けた検討が始まろうとしている。

なぜ今、広島は変わろうとしているのか、どのように変わっていくべきなのか、本書がその理解のための一助となれば幸いである。

なお、本書では、主に広島市など広島県西部の地域（律令制では安芸国）を扱っている。筆者が広島市出身で現在は廿日市市に住んでいることもあり、広島県西部に偏った記述になっていることはご容赦いただきたい。

広島の経済　**目次**

第Ⅱ部　広島の今――広島の現状と課題

第Ⅲ部　広島の未来
――交流人口の拡大に向けた将来戦略

第Ⅰ部

広島の過去

――広島の形成

広島県は中四国地方最大の工業県・商業県であり、広島市は中四国地方の広域中心都市である。もっとも、なぜ広島が中四国地方で最も発展したのか、その答えは簡単には出てこない。なぜなら、広島県は農耕に適した平野が少なく、江戸時代から明治初期にかけては、生きていくための出稼ぎや移民が盛んだったほど貧しい地域だったからである。また、交通の利便性でも、広島市より岡山市の方が四国地方や山陰地方へのアクセスで優れているのである。

広島は発展する条件が整っていたのではなく、食べていくために発展する「必要」があったのである。そこに、広島人の気質と歴史の偶然が重なって発展したように思える。今の広島がどのように形成されてきたのか。広島人の気質や広島の歴史からひも解いていくことにしたい。

第1章　広島県の歴史

第1節――広島カープの誕生

広島県民にとって広島カープは特別な存在である。現在の広島カープは、２０１６年から3年連続セ・リーグで優勝している強豪チームだが、誕生から創立26年目の１９７５年に初優勝するまでの広島カープは本当に弱かった。特に、誕生間もない広島カープは資金も選手もまともに揃っていない弱小チームであった。被爆からわずか5年、食べていくのに必死の広島で、資金援助してくれる親会社も見つからない中で、広島県民は広島カープ球団を創設し、連戦連敗の弱小チームを支え続けた。そこには、広島県の歴史や広島県人の特徴が表れているように思われることから、最初に広島カープ誕生から話を始めたい。

1. プロ野球球団設立の背景

戦後日本のプロ野球界は1リーグ8球団で始まったが、戦後5年目の1950年から球団数を大幅に増やして2リーグ制に移行することになった。広島カープは、この球団数の大幅増加のタイミングに乗じて創設されたのであるが、被爆からわずか5年、食べていくのに必死の広島でプロ野球の球団が設立された背景として二つの点が挙げられる。

一つ目は、当時の広島は、原爆により壊滅した街の復興が始まっていたが、荒んだ人々の心を癒す健全な娯楽が求められていた。広島カープの球団史『VI記念　広島東洋カープ球団史』によると、中国新聞社東京支社通信部長（後にカープ代表）・河口豪の記憶では、「1948年の夏ごろ、東京から広島へ向かう車中で伊藤広島電鉄専務、河野広島県総務部長、伊藤広島銀行副頭取と話し合っていたところ（中略）、原爆で壊滅した広島は不死鳥さながらに復興しつつあったが、一方では殺伐な事件も跡を絶たなかった。すさみ切った人々の心をいやし、あすの心の糧となる健全な娯楽こそ必要である。野球こそ、それにこたえるものである」[1]ということで一致、河口豪が球団結成に必要な資料を集めることになったという。

また、カープの名付け親であり球団誕生に大きな役割を果たした谷川昇（衆議院議員等を歴任）は、「プロ野球が焦土の中から立ち上がった広島の人たちの精神的慰安と結束に役立つ」[2]と球団創設の意義を述べている。

二つ目は、広島は戦前から「野球王国」といわれた。広島商業高校、広陵高校などの高校野球の名門校から多くの選手が輩出された。広島カープの創設が検討された1949年には、多くのプロ野球選手とともに、当時のプロ野球8球団のうち4球団の監督が広島関係者だった。なお、2018年現在のプロ野球界でも、ソフトバンクの柳田悠岐、日本ハムの中田翔・有原航平、巨人の田口麗斗など、合計25名のプロ野球選手が広島県出身者である。

2．広島カープ創設期の球団運営

2リーグ制への移行というタイミングに乗り、選手も資金も確保されていないまま、広島カープの加盟申請は受理されたが、広島カープの創設期のドタバタについては、信じられないような話が語り継がれている。もっとも、昔話のため真偽の確認が難しい。ここでは前出した『広島東洋カープ球団史』という比較的信憑性が高いと思われる資料を中心に、当時の広島カープの状況について紹介したい。以下、カギ括弧内は同球団史からの引用である。

1950年3月10日から公式戦がスタートしたが、その時点では会社自体が設立できていない。運営資金の確保に追われ、開幕から2か月後の「5月に入ると早くも選手の給料は遅配が始まり、連盟への加盟金および分担金も一部を支払ったに過ぎず」（p174）という状態に陥った。連盟は加盟金および分担金300万円を支払わないときは加盟権を取り消すと強硬に通達してきた。しかし、このような経済的危機が紙上に伝えられると「カープを救え」とまずファンが立ち上がり、救援金が相次いで寄せられた。その後、市民からの救援金や自治体からの出資金などもあり、その年の9月3日になってようやく株式会社広島野球倶楽部創立総会を開催することができた。もっとも、1年目のチーム勝率は2割9分9厘の最下位で首位との差は59ゲームまで開いた。

1951年、「二度目のシーズンを目前にして身売りか、あるいは他チームに吸収合併されるかというドタン場まで発展したが、石本監督が提案した後援会の結成ということで、辛うじて危機を脱し、存続と決まって二度目のシーズンに突入することになった」（p178）。石本監督は、試合は白石助監督以下に任せ、後援会結成と資金集めに奔走する。後援会は会社単位、工場単位で結成された。全盛期の後援会の会員数は3万6000人近くに達した。この年の収支は、公式戦の収入500万円に加え、後援会からの支援金400万円などから130万円の黒字となり「球界七不思議の一つ」とまでいわれた。もっとも、チームの勝率は3割3分3厘の最下位であった。

球団の経済的危機は、後援会の結成・支援により何とか乗り切ってきた。しかしながら負債は年ごとに増し、1955年には5600万円にまで膨らんだ。また、後援会の発言力が強くなり過ぎ、会社運営にひずみが生じていた。これらの打開のため、発展的解消を断行し、新たに地元財界の協力によって新会社を設立することになった。新会社は株式会社広島カープ。社長には伊藤信之氏（広島電鉄社長）が就任した。後援会は本来の姿にかえり、チームのバックアップに専念することになった。

１９５３年頃から、広島市の中心部でナイター設備を持つ球場をつくろうとする機運があったが、建設用地が容易に確保できず難航した。「しびれを切らしたファンは広島駅で渡辺広島市長を囲んで油をしぼったり、市役所に波状的な陳情攻撃を行ったので、市長はついに悲鳴を上げる始末であった」（ｐ２００）。渡辺市長は広島市の財界代表を招いて協力を頼み、広島財界から建設資金が寄付され、１９５７年7月22日に旧広島市民球場が完工した。これにより観客動員数が大幅増となり、球団財政にゆとりができた。

以上が、１９５０年の球団創設から1９５7年の旧広島市民球場完工まで8年間の球団史の一端である。原爆投下により廃墟になってからわずか5年しか経っていない1９５０年、広島県民は資金も選手も揃わないまま誕生した広島カープ球団を、後援会支援という形で支えたのである。なぜ広島市民・広島県民は、原爆による荒廃の中で広島カープを創設し、支え続けたのか。そのことを知るためには、広島という街、そして広島県の成り立ちや歴史を知っておく必要があるだろう。

コラム① 広島カープは市民球団なのか

創設時の広島カープは市民球団である。広島カープの創立趣意書では、「広島カープはこれを1個人あるいは1会社のチームとすることなく、その株も一般から募集する」として、広島県や広島市を大口出資者とし、多くの市民が支援金を提供することで設立された。また、その後の度重なる経営危機を後援会組織の寄付金により乗り越えてきた、特定の親会社に頼らない市民球団という特異な歴史を有する。

もっとも、1955年に広島カープ球団は倒産・清算され、地元財界出資による組織となった。その後、広島の自動車メーカーであるマツダが株式の3分の1以上を保有する筆頭株主となり、球団名にはマツダの当時の社名である「東洋工業」に由来する「東洋」の文字が入り「広島東洋カープ」となった。マツダは球団経営への積極的な関与は行っていないが、1963年以降の歴代オーナーはマツダ創業家である松田家から出ている。

現在の資本構成や歴代オーナーからみると、広島カープは、多くの市民が直接株式を保有する市民球団ではなくなったが、特定企業に大きく依存せず、独立経営で運営されている市民球団のイメージを有している球団である。

第2節　広島県の気候・地理・地勢

広島県の気候は温暖である。冬の県北部はスキー場が営業できるほど降雪するが、多くの人が住む瀬戸内海沿岸は少雨温暖な土地柄である。台風は四国山地や九州山地にぶつかってから広島に来るため直接の被害は少ない。地震も少ない。こうした気候が広島県民の楽天性をもたらしているのかもしれない。

もっとも、広島県は集中豪雨に弱い。２０１８年7月の西日本豪雨により、広島県内では、土砂災害６２４箇所、破堤12河川・越水82河川が発生、死者・行方不明者１１４名、住宅被害１万３７５０戸[3]のほか、鉄道網・道路網が各地で寸断、主要幹線である山陽本線ですら全面復旧には10月までかかった。広島県では２０１４年８月の集中豪雨でも死者75名を出している[4]。

実は、広島県の土砂災害危険箇所等は３万１９８７箇所と日本で最も多い。内訳としては、急傾斜地崩壊危険箇所２万１９４３箇所、土石流危険渓流数９９６４箇所、地すべり危険箇所80箇所である[5]。急傾斜地崩壊危険箇所が多いのは、広島県の地質は花崗岩・真砂土《まさど》のため雨が降ると崩れやすいという地質上の問題に加え、広島県は平野が少なく、山を崩した傾斜地に多くの住宅が建てられているためである。なお、急傾斜地崩壊危険箇所は、がけ崩れが起きるだけでは指定されず、がけ崩れが起きそうな場所に人が住んでいるため指定される。

ところで、広島県は平地が少なく、農業生産力が低いため、中世までは目立たない存在であった。古代から中世において、日本の中心は関西（畿内）であり、これに対抗する勢力が大陸との貿易窓口であった九州であった。この二つの勢力の中間に位置するのが中国地方であり、その中心に位置するのが広島である。

広島県・岡山県・山口県・鳥取県・島根県の5県は「中国地方」と呼ばれる。中国という言葉からしばしば連想されるのは中華人民共和国の「中国」であるが、中華人民共和国の「中国」が「世界の中心」を指すのに対し、「中国地方」の「中国」は、関西と九州という二大勢力の「中間」に位置する地域としての「中国」といわれている。この中間あるいは境目に位置していることは、広島が広域中心都市になる上での重要な要素となっている。

また、関西と九州を結ぶ通路（街道・海道）上にあるため、人・物・情報が頻繁に往来した。江戸時代から明治時代前半の広島では、他県への出稼ぎや海外移民が盛んに行われた。その最大の要因は貧しさではあるが、瀬戸内の温暖な気候に培われた楽天性、平地が少なく貧しさの中で培われた勤勉性、そして街道・海路で培われた、目端《めはし》が利き情報感受性が高いという、広島県民の特徴が影響しているのではないだろうか。

新しい商品のテストマーケティングをする場合、静岡、福岡などとともに広島が選ばれることが多いといわれている。これらの都市は、大都会ではないが田舎でもなく、日本の平均的な都市である。また広島人は新しいものが好きといわれており、新商品のテストマーケティングに向いているようである。

広島県の人口は全国の2・2%、面積も全国の2・2%なので、全国平均的な人口密度ということになる。しかしながら広島県は平地が少ない。森林面積割合は71・8%と全国平均の61・5%より約10%も高く、逆に可住地面積割合は27・3%と全国平均の37・3%より10%も低い。現在の広島市の中心市街地は太田川下流の三角州にあるが、この三角州の過半は広島城築城以降の干拓・埋め立て地である。また、広島市周辺の沿岸部の多くも周囲の山を切り崩して埋め立てた土地である。こうした干拓・埋め立て地を含めても広島県の平地は多くない。

中世以前の農業社会において、平地が少ないということは、食べていく上での大きな制約になった。このため広島人は山林を切り開き開墾し、ため池をつくった。広島県の棚田(段々畑)面積は圧倒的な全国1位であり、ため池数は全国2位である。明治以降は工業化・都市化により経済発展し人口が増えたが、平地が少ないため山林を切り崩して多くの住宅を建設した。この結果、土砂災害危険箇所数は全国で最も多い。決して恵まれた土地柄ではない。

第3節　古代　平清盛と厳島神社

律令制によれば広島県の東側が備後国、西側が安芸国であるが、歴史の表舞台には出てこない。とりわけ安芸国は平地が少ないため、農業が産業の中心であった近世以前において国力は低かった。この時代の広島を一言でいえば、畿内と九州を結ぶ通路である。山陽道という街道の一部、あるいは瀬戸内海という海道の一部であった。

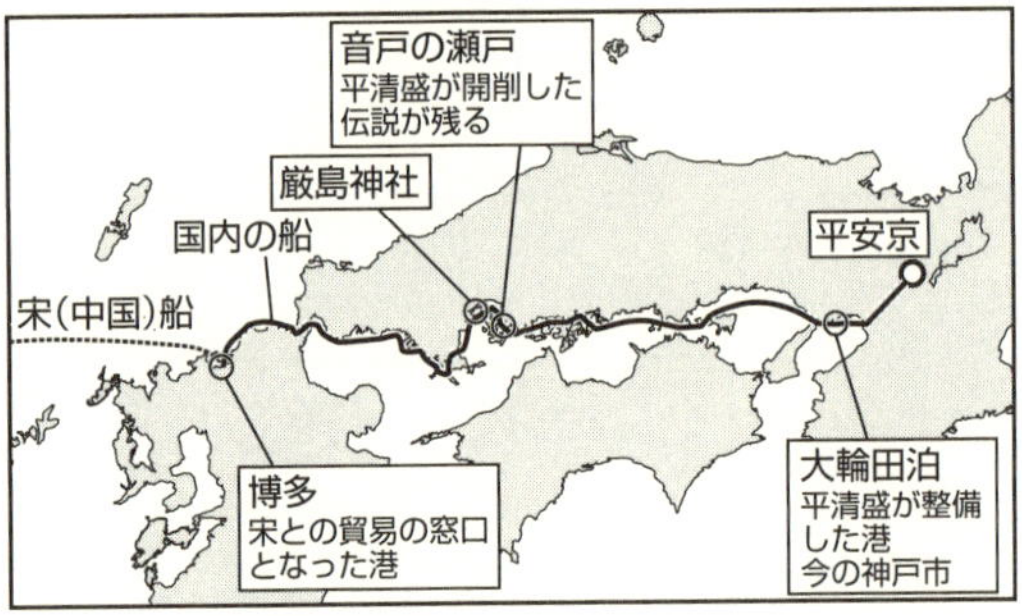

図１－１　平清盛の関係地
出典：広島県教育委員会「郷土ひろしまの歴史Ⅰ」(平成25年)

　古代の広島において特筆すべき最大のものは厳島神社である。厳島神の鎮座は593年とされ、『宮島本』によると「瀬戸内海が畿内と北九州を結ぶ交通路として重要性を増す時期にあたり、海洋神としての性格を併せもつ神として広く信仰されるようになった」[6]とされるが、厳島が一躍その名を知られるようになるのは、12世紀後半の平氏一族による厳島神社の海上社殿の創建である。

平清盛は1146年から1156年まで安芸守になり、厳島神社の海上社殿を建立するが、平清盛にとっての最大の関心事は日宋（日中）貿易であったと思われる。平清盛の父である平忠盛は北陸地方の敦賀を起点に日宋貿易で財を蓄えたといわれるが、平清盛は神戸に港を築き（大輪田泊）、呉市の音戸の瀬戸を開き、大宰府に影響力を及ぼし、日宋貿易を拡大した（図1―1）。厳島神社の祭神は、航海安全の神様である宗像大社の3女神であり、日宋貿易での日本の窓口である博多と畿内を結ぶ瀬戸内海航路の安全を祈願することが、厳島神社の海上社殿の創建の目的の一つであった。

厳島神社の海上社殿は、関西（畿内）と九州を結ぶ海道の一部であった当時の広島の立場を象徴する建物である。

コラム② 神宿る島「沖ノ島」と厳島神社

厳島神社が世界遺産に登録されてから21年目の2017年に新たな世界遺産として、『神宿る島』

宗像・沖ノ島と関連遺産群」が世界遺産に登録された。宗像大社は厳島神社の本山にあたり、厳島神社のご神体は宗像三女神である。

宗像は、住吉や安曇とともに日本を代表する海人族の集団であり、胸や肩に刺青をしたことから胸形・胸肩と呼ばれ、宗像に転じたといわれている[7]。宗像大社は三つの神社からなる。博多の辺津宮（ご神体は市杵島姫《いちきしまひめ》神）、大島の中津宮（ご神体は湍津姫《たぎつひめ》神）、沖ノ島の沖津宮（ご神体は田心姫《たごりひめ》神）の三社が、福岡県から朝鮮半島へ至る海路上に配置され、大陸貿易の航海安全が祈願された。

中でも世界遺産に登録された沖ノ島は、人を寄せ付けず宮司が一人で守っている島で、これまでに6万点に及ぶ国宝が発掘され、「海の正倉院」とも呼ばれている。文化庁によると「4世紀後半から日本と中国大陸、朝鮮半島の古代王朝との交流が活発化すると、航海の安全と交流の成就を願い沖ノ島で祭祀が開始された。この祭祀は、宗像氏の協力の下に一地域の祭祀を超える規模や重要性をもって行われた、『国家的祭祀』と位置付けられている」[8]という。

厳島は年間400万人を超える観光客が押し寄せるが、沖ノ島と同じく、島自体がご神体となっている。厳島神社の社殿が海上にあるのは、ご神体である宮島を傷つけないためともいわれている。沖ノ島と厳島は、人の開発を拒みながら航海安全を願う神の島である。

第４節　中世　毛利輝元と広島城

戦国時代になると、中国地方に、尼子氏（山陰地方）と大内氏（山口・九州北部地方）という二大勢力が出現した。尼子氏は京極家一族で代々出雲守護代を務めた名門である。山陰地方を地盤として勢力を伸ばし、最盛期には中国８か国、１２０万石の広大な領土を支配した。一方の大内氏は、百済の聖王（聖明王）の第３王子である琳聖太子の後裔《こうえい》を自称し、14世紀頃には和泉・紀伊・周防・長門・豊前・石見の６カ国を領する守護大名となった。中国や朝鮮半島との大陸貿易で富を蓄え、山口は西の京都といわれるほど繁栄した。

この二大勢力の境目に広島県（安芸と備後）は位置していた。この当時の広島県は、小規模な国人領主が分割支配し、自分の領土を守るために尼子氏と大内氏のどちらかにつき、それにより互いに協力したり対立したりしていた。毛利元就の父は尼子氏に従ったが、元就は大内氏に従いながら戦国の世を生き抜いた。

毛利元就は三本の矢の逸話で有名な戦国武将である。元就の３人の息子のうち長男の隆元は毛利本家だが、次男の元春は当時の広島県北部の国人である吉川家の、三男の隆景は竹原・三原の国人である小早川家の、それぞれ養子となり跡取りとなる。尼子・大内という二大勢力の境目にありながら、三家が協力して支配地域を広げたことで、当時の広島県の一大勢力

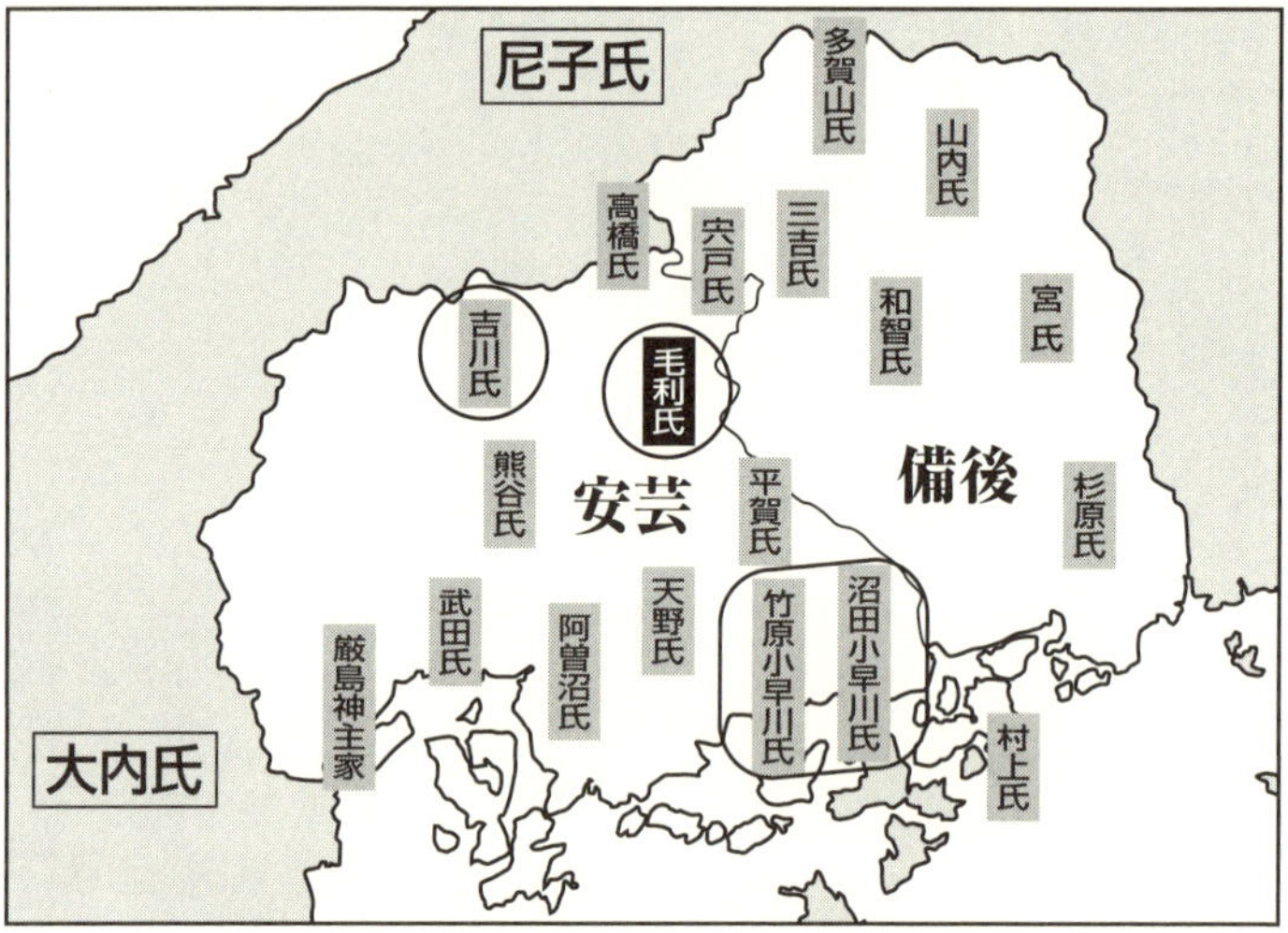

図１－２　戦国時代の広島県の勢力図
出典：広島県教育委員会『郷土ひろしまの歴史Ⅰ』（平成25年）より。丸印は筆者が追記

となったのである（図１―２）。

毛利元就は広島県の国人の中心的存在であった高橋家を攻略し、安芸の国人の中心となる。そして、三家の兄弟（毛利家・吉川家・小早川家）が力を合わせることで、山口の陶晴賢（大内氏の元家臣）を厳島合戦で討ち（１５５５年）、出雲の尼子氏に勝利し（１５６６年）、中国地方のほぼ全域を領有する大大名となる。

コラム③　三本の矢（三矢の訓）

三矢の訓は、晩年の元就が隆元・元春・隆景の３人の子供に対し、「１本の矢では簡単に折れるが、３本まとめると容易に折れない。３人共々がよく結束して毛利家を守ってほしい」と告げたといわれる逸話である。晩年の元就が当主となった３人の子供に直接、三矢の訓を話した史実はないようだが、３人の兄弟が当主である毛利本家、吉川家、小早川家が力を合わせた「毛利両川」体制により、中国地方全域を支配する大大名となった（図１—３）。

この「三矢の訓」の逸話は、現代にも引き継がれている。

広島のプロサッカーチームであるサンフレッチェ広島のチーム名の由来について、同チームのホームページでは次のように説明している。

広島県広島市をホームタウンとする「サンフレッチェ広島」。サンフレッチェは、日本語の「三」とイタリア語の「フレッチェ（矢）」をあわせて作った造語で「三本の矢」を意味しています。

このチーム名は広島に縁の深い戦国武将毛利元就の「三本の矢」の故事から名づけられたもので、

図１－３　毛利両川体制（左）と毛利元就（右）
左は筆者作成、右は森田愛花（筆者ゼミ生）作成

広島の県民市民・行政・財界の三位一体の力によって支えられていることを示し、またチームスポーツの基幹をなす「技術・戦術・体力」の三要素、そして個々の選手に必要とされる「心・技・体」の三原則にもつながっています。

また、毛利家に所縁の深い山口県の出身である安倍晋三首相の掲げる経済政策は、アベノミクスといわれている。アベノミクスは三つの基本方針を「三本の矢」に例えて、第一の矢は大胆な金融政策、第二の矢は機動的な財政政策、第三の矢は民間投資を喚起する成長戦略と称した。

毛利元就の孫の輝元は「本能寺の変」直後に豊臣秀吉と和睦したことで、中国地方のほぼ全域を領有する大大名の地位を確立した。それまで吉田郡山城（広島県安芸高田市吉田）という山城を本拠地としていたが、大大名になったことから、輝元は１５８９年から太田川の河口付近の三角州デルタに広島城を築き、本拠地とした。城は１５９９年に落成したという(図１―４)。

「広島」という地名の由来は、毛利氏の祖先である大江広元の「広」と、この地の戦国時代の武将福島元長の「島」を合わせた、あるいは、広いデルタの島々が合わせられたという自然の地形に由来するなど諸説があるが、いずれにせよ戦国時代末期に「広島」という地名が誕生した。

広島城ができるまで、西国街道（現在の山陽道）で太田川を渡るためには、現在の安佐南区八木あたりまでさかのぼる必要があったが、広島城ができた後は、現在の広島市の中心部にある本通りが山陽道になった。その後の広島は、干拓・埋め立てが進み現代の広島市の姿となっていく。

もっとも、１６００年の関ケ原の戦いにおいて、毛利家は西軍に味方しただけでなく、毛利輝元が西軍の総大将に担ぎ上げられる。その一方、吉川家は徳川家康と戦わないとの密約を結び動かず、小早川家は東軍に寝返り徳川家康勝利の功労者となる。

関ケ原の戦い後、毛利家と吉川家は中国８カ国１１２万石の大大名から周防・長門（現在の山口県）の2か国29万石に減封された。小早川家は備前・備中の大大名になるものの、世継ぎが生まれず無嗣断絶となる。毛利家の3本の矢が徳川家康によって崩されたことで、毛利家は衰退したのである。

図1－4　広島城
出典：「ひろしま観光ナビ」
（https://www.hiroshima-kankou.com/photo/265）
写真提供：広島県

広島藩には、毛利輝元に代わり安芸・備後2か国の49万8000石の太守として、尾張国清洲より福島正則が入封したが、広島城を無断改修した武家諸法度違反の咎《とが》により1619年、大幅減封の上、信濃国川中島藩に転封された。代わって紀州藩より、豊臣政権下で五奉行を務めた浅野長政の次男・浅野長晟《ながあきら》が安芸1国・備後8郡の42万6000石で入封した。以後、明治維新まで浅野家が続くことになる。

この間、備後では「福山藩」が誕生する。福島正則が1619年に改易となった際に広島藩の領地が分割され、安芸および備後北部・西部は広島藩として浅野家42万石となったが、備後南部は福山藩として水野家10万石となり福山城が築城される。その後、水野家は5代で断絶、天領の時期を経て、阿部家が明治維新まで福山藩の藩主となる。

第５節―江戸時代　人口増加と産業

江戸時代の広島藩で特筆すべきことは人口の大幅増加である。農業が産業の基盤であるこの時代の人口増加は飢餓に直結する大問題であり、その後の広島藩・県の経済に大きな影響を及ぼすことになる。

江戸時代、８代将軍徳川吉宗が全国の人口統計を整備した。それ以前の日本の人口はよく分からないが、吉宗が整備した以降は、藩ごとの人口増減がある程度正確に把握できるようになった。

これによると、江戸時代後期は全国的には人口の停滞期である。１７２１年から１８４６年の１２５年間に全国の人口はわずか3・2%しか増加していない。年3・2%の増加ではなく、１２５年間でわずか3・2%の増加である。１００年以上にわたって、人口はほぼ横ばいであったことになる。この時代の産業の中心は農業である。農業生産力に合わせる形で堕胎《だたい》・

間引きによる人口調整が広範に行われていたのではないかといわれている。また、江戸や近畿などの都市部では、男性に対し女性が少なく、風俗の乱れによる影響も指摘されている。

もっとも、安芸（広島県）、周防（山口県）、隠岐・出雲（島根県）、薩摩（鹿児島県）など、中国地方や九州地方では人口が増加した藩が多かった。こうした地域でなぜ人口が増加したのか。その理由として、浄土真宗が影響しているとする説がある。

表１－１　安芸国の人口増加率と１農民あたり耕地面積

	人口増加率（1721年〜1846年）		1農民当たり耕地面積（1885年）	
	藩名	増加率	藩名	反
1位	周防	65.5	志摩	0.832
2位	薩摩	62.2	安芸	1.037
3位	安芸	53.2	讃岐	1.222
4位	隠岐	44.5	山城	1.231
5位	出雲	39.4	周防	1.241
	全国	3.2	全国	2.211

出典：人口増加率（蝦夷地を除く）は、速水融『歴史人口学研究』(藤原書店、2009年) p 174 〜 176 より作成。１農民当たり耕地面積は、フェスカ『日本地産論』（農山漁村文化協会、1977年）p 110、111、116 〜 117 より作成。

安芸国には浄土真宗の熱心な信者が多く「安芸門徒」と称された。戦国時代の大阪の石山合戦（浄土真宗石山本願寺と織田信長の戦い）では、毛利水軍とともに信長に戦いを挑んだ歴史を有する。浄土真宗が民衆の生活の中に深く浸透した地域では、殺生を禁じる仏教の教義に従って、堕胎・間引きを行わず出産を選択する信者が多かったのではないかと考えられている。

もっとも、安芸国（広島藩）は平野が少ないにもかかわらず人口が大幅に増えた結果、表1―1のとおり、一農民当たりの耕作地面積は全国平均の半分以下、全国最小レベルとなってしまった。農業だけでは容易に食べていけず、どうやって食べていくのかという問題に多くの人々が直面することになった。

表1－2　都道府県別の棚田面積・ため池の数

	県名	棚田（ha）	県名	ため池（箇所）
1位	広島県	35,409	兵庫県	43,245
2位	新潟県	10,599	広島県	16,909
3位	岡山県	9,572	香川県	14,619
4位	島根県	6,810	大阪府	11,077
5位	長崎県	6,530	山口県	9,995
	全国	137,578	全国	137,578

出典：棚田は農林水産省「農林業センサス」（2005年）、ため池は「農林水産省農村振興局調べ」（2014年）より作成

広島の人々がまず取り組んだのは新田開発である。山林を開墾して棚田（段々畑）をつくった。2005年時点で、広島県には9770か所、3万5409haの棚田があり、これは圧倒的な全国1位である。山林を開墾して棚田をつくり、手間暇かけて農作物をつくるという勤勉な姿がそこにある。また、棚田に水を供給するためにため池をつくった。ため池の数は全国2位である（表1―2）。

それでも農業だけでは食べていけないため、多くの人が他国に出稼ぎに出かけた。出稼ぎには、農業、山稼ぎ、船稼ぎの3種類があったとされる。山稼ぎは木挽として、奈良県の吉野や岡山県の北部に出かけた者が多かった。船稼ぎは地元の船や他港の船に乗り込んで働いた。安芸国の出稼ぎ者は専門技術を身に付け、粗衣粗食に耐え、誠実かつ

働き者で「安芸者」と呼ばれた[10]。

さらに広島藩は、安芸木綿、和紙、牡蠣《かき》、筆、塩、鑪《たたら》（製鉄）、針などを特産品として生産を奨励した。広島は平地が少なく恵まれた土地柄ではないが、楽天的で、勤勉で、目端が利く気質により多くの人口を養っていった。

①安芸木綿

広島藩の白木綿・縞《しま》木綿は「安芸木綿」の名で広く知られた特産品である。広島藩の沿岸・島嶼部では木綿栽培が盛んに行われ、この木綿を使った木綿織が発展した。広島藩の木綿は糸が太く生地が粗く田舎向きとされたが、丈夫な普段着として人気があった。

綿の栽培・加工が本格化すると、「木綿作が本田畑でも栽培されはじめたので稲作が減少し、人びとの飯米として他国米が恒常的に移入されることになった。……年貢さえも他国米で上納する場合があった」（『広島県の歴史』）[11]という。木綿作は稲作に比べ人手を要する。農地は少ないが人手は多い広島では、江戸時代も後期になると、木綿を栽培して米を買う農家が出てきたのである。

もっとも、明治になると安芸木綿は衰退する。開国により輸入綿花・綿織物の流入が増加し、広島の綿糸・綿織物産業は衰退していった。1878年、綿作・木綿織の伝統を持つ愛知県と広島県に官営模範工場として綿糸紡績所が設置されたが、軌道に乗ることはなかった。

②和紙

広島藩では紙漉《かみす》きを奨励、1885年には佐伯郡に1971人、高田郡に640人の紙漉き職人がいた[12]とされている。もっとも、明治以降は安価な洋紙に押され衰退した。現在では大竹和紙が伝統産業として残っている。

③広島牡蠣

牡蠣は天文年間（1532年～1555年）、安芸国で養殖方法が発明されたといわれている。江戸時代の中期になると、殻付きの牡蠣を大阪湾に運び、船内に牡蠣打ち場や座敷をつくりそこで客に食べさせる牡蠣船が有名になった。この当時、大阪で食された牡蠣はほぼ全てが広島の牡蠣であったといわれている。大阪へ出向いた牡蠣船が何隻あったのか正確には把握できていないが、1881年には76隻との記録がある[13]。昭和30年代以降は、工業の発展による河川の汚染から牡蠣船は減ったが、輸送方法の改善により、広島から全国に生の牡蠣が輸送されるようになった。

④熊野筆

熊野町は筆で有名であるが、古くからの筆産地ではない。江戸時代、熊野の人々は、主に農業で生計を立てていたが、小さな盆地で農地が狭く、農閑期には奈良県や和歌山県に出稼ぎに行く人が多かった。出稼ぎで得たお金で、奈良で筆や墨を買い入れ、それを帰り道の町や村で売りながら熊野に帰ってきていた。このようなことがくり返されているうちに、筆づくりを学ぶ若者が現れ、熊野で筆づくりが広がり、全国最大の産地となっていった。

コラム④ 熊野化粧筆

広島県熊野町は、書筆・画筆・化粧筆など筆の全国シェア8割を誇る産地である。日本の伝統産業の多くが衰退している中で、化粧筆という新たな成長商品に取り組み、しかも「熊野化粧筆」という「ブランド化」に成功したことから、全国的にも注目されている。

昔の化粧筆は化粧品の付属品と位置付けられ、大手化粧品メーカーへ納入する付属品メーカーの立場にあったが、熊野化粧筆メーカーが化粧筆のブランド化を進め、化粧筆を化粧品の一分野に高めた。2011年のFIFAワールドカップにおいて優勝を果たしたなでしこジャパンの国民栄誉賞の副賞に、竹田ブラシ製作所（本社は熊野町）の化粧ブラシ7本セットが選ばれたことは、化粧筆に対する社会的注目を集め、熊野化粧筆の知名度が上昇した。

化粧筆について知識の乏しい方のために、基礎知識を解説しておきたい。

宮田さつきは、「現在、化粧は世界中の文化となっている。新しい化粧品が開発されるにつれ化粧道具も発展してきたのである。そして『化粧筆』が道具の一つとなる。筆は化粧品の付属のように思われがちだが、化粧の仕上がりの善し悪しは筆によって違いがでてくるのだ」[14]と述べ、重要な道具として位置付けている。

化粧筆と一言でいっても種類は多く、化粧する部分や目的によって、筆の形も材質も異なる。宮田氏によると、化粧筆には、フェイスブラシ、チークブラシ、アイシャドウブラシ、リップブラシ、アイライナーブラシなどの種類があるが、用途に応じて様々な動物の毛が使われ、毛質が硬いものから、ウォーターバジャー（穴熊）、イタチ、山羊、馬、リスなどが使われるという[15]。

もっとも、動物の毛は不均質である。これを手作業でうまく選り分け均質化させる必要がある。熊野化粧筆はこの点で優れており、アットコスメや美容雑誌などの掲載や、有名メイクアップアーティストの愛用により、メイクに関心の高い女性に一気に支持されるようになった。

基礎化粧品やベースやファンデーションといった土台も大切だが、使用する筆によって化粧のノリや密着度が変わり、化粧崩れしにくく肌に艶や透明感が出てくる。熊野でつくられた手作りの筆は、一本一本に思いが込められており、使用するうちに自分の使いやすい筆としてなじんでくるのである。

第6節　近代　軍事県から被爆へ

1．海外移民

明治になっても広島の人口過剰問題は解決しなかった。むしろ、江戸時代に発展した「綿作・綿織物」や「和紙」などの産業が、開国による海外からの安値輸入品の増加により衰退したため、雇用環境は厳しさを増した。

このため、明治になっても広島県では出稼ぎが引き続き多く、北海道への開拓移住[16]、九州の炭抗や関西の紡績工場などへの主要な労働供給県となった。さらに、開国を機に海外へ移民する者が現れた。広島県の本格的な集団移民は1885年のハワイ官約移民から始まる。官約移民とは日本とハワイ王国との協約に基づき、３年契約でハワイの砂糖栽培の労働者として送出された移民である。１８９４年まで26回にわたり、日本から２万９０００人が渡航したが、県別にみると、広島県が１万１２２人で全体の38・２％を占めた[17]。

その後、ハワイが米国に併合され、１９００年に契約移民が禁止されたことから、移民の主流は米国本土に移った。さらに、明治末期には米国が移民を制限したため、主な移民先がブラジルなどへと変わっていった。広島県の海外累計移民数（１８９９年～１９３２年）は全国の２割弱を占め、都道府県別で最大となった（表１―３）。

表１―３　海外累計移民数（1899～1932年）

1位	広島県	92,716
2位	熊本県	61,400
3位	沖縄県	55,706
4位	福岡県	44,793
5位	山口県	42,842
	全国	552,141

出典：広島県『広島県史・近代１』（1980年）p1035より作成

広島県が全国で最も移民が多かった背景としては、①人口が多く、平野が少ないため農業だけでは食べていけなかったこと、②江戸時代から他国に出稼ぎに出かける風土があったこと、③江戸時代に発展した産業が開国による海外からの輸入品の増加により衰退し、新たな働き口が必要となったこと、などが挙げられる。地域的には、山間部よりも広島湾を中心とする県西部の沿岸地域や太田川流域の平野部の町村から多くの人が移民した。

コラム⑤ もみじ饅頭

「もみじ饅頭」は、言わずと知れた広島の代表的な銘菓である。その由来について、宮島観光協会のホームページでは、次のように説明している。

もみじ饅頭を発案した人物は、明治後期の和菓子職人、高津常助（たかつ つねすけ）とされています。

紅葉谷の旅館「岩惣」の女将から「大切なお客様への手土産に、紅葉谷の名にふさわしい菓子が作れないか」と依頼され、「紅葉形焼饅頭（もみじかたやきまんじゅう）」を完成させました[18]。

また、この老舗旅館「岩惣」の利用客の一人であった伊藤博文（初代総理大臣）が、給仕した娘の手を見て「もみじのような可愛い手である。焼いて食うたらさぞ美味しかろう」[19]と冗談を言ったのがもみじ饅頭の由来とする冗談説もある。

もみじ饅頭を創作した高津常助は、1910年に商標権を取得したものの、20年後の更新を行わなかったため、誰でももみじ饅頭という商標を使えるようになった。また、高津常助には、同じ和菓子職人の息子がいたが、「技や技術は盗むもの」として一切レシピを伝授しなかったため、高津常助の死亡後は、もみじ饅頭の製造・販売が途絶えてしまった。そこで、いくつかの会社がもみじ饅頭の製造を始めるようになり、宮島以外の広島駅近くなどでも製造されるようになった。

もみじ饅頭は飽きられかけた頃もあったが、１９８０年前後に漫才ブームをけん引したＢ＆Ｂの島田洋七が漫才ネタとして「もみじ饅頭」を連呼したことから、広島のもみじ饅頭人気が盛り返した。

また、もみじ饅頭の中身はこしあんであったが、後につぶあんが生まれ、現在では、クリーム、チーズ、チョコ、抹茶など幅が広がった。また、製法としても、揚げもみじ、生もみじ、メープルもみじ、もみじクロワッサンなど多様化した、広島の代表的なお土産品である。

２．軍事県

（１）広島鎮台・宇品港・日清戦争

過剰人口に悩む広島市に１８７２年、日本陸軍の鎮台（のちに第５師団）が設置された。鎮台は軍事組織であるとともに国内治安組織でもあった。

広島に鎮台が設置された背景としては、中国地方最大の都市であったことに加え、地政学上、長州の抑えとしての役割が期待されたのではないかと思われる。例えば、九州では熊本に鎮台（のちに第6師団）が設置されている。広島は長州の抑え、熊本は薩摩の抑えとして設置され、九州地方では西南戦争、中国地方では萩の乱に鎮台が出兵している。

鎮台が設置されて以降、広島市には、税務監督局（現在の財務局）などの国の出先機関が数多く設置され中国地方の政治的中心となっていった。

１８８０年に広島県令として赴任した千田貞暁《さだあき》は、広島の産業が振るわないのは物資を円滑に輸送できないことに原因があると考え、道路改修と宇品築港を進めた。特に宇品築港には莫大な資金が投じられ、１８８９年11月に難工事の末、完成した。

広島県史[20]によれば、開港当初の宇品港は、その価値が十分には認められず、この事業を「無用の事業」「一大失策」とする意見も強かった。しかし、宇品港の開港から5年後に日清戦争が開戦すると、陸軍の軍用港として宇品港の評価は一気に高まった。千田貞暁は男爵となり、広島市内には千田町ができ、千田神社が創建され、千田公園には千田貞暁の銅像兼記念碑が建てられた。

日清戦争の宣戦布告は１８９４年8月であるが、広島の第5師団は、その2か月前の6月には招集され、大陸進出の中核的兵力として、兵員の増強と軍事施設の拡充が行われた。また、山陽鉄道が１８９４年６月に広島駅まで開通し、８月には広島駅から宇品港を結ぶ軍用鉄道が開通した。これにより全国から兵隊が鉄道に乗って広島に集められ、宇品港から大陸へ出兵していった。

１８９４年９月15日には明治天皇が広島に到着され、軍を指揮する大本営が東京から広島の第５師団司令部庁舎に移された。10月に開催された第７回帝国議会は、広島の仮議事堂で開催されるなど、広島は一時的に日本の首都とでもいうべき様相を呈した。

その後も宇品港は、１８９７年に台湾への定期航路、１９０５年に清国との定期航路が開かれるなどにぎわいを見せ、広島の産業が発展する基礎となった。

(２) 軍都広島

日清戦争では広島が海外派兵基地となったが、終戦後もロシアとの衝突を予想して軍事関連施設の拡充が進められた。１８９４年に陸軍運輸通信部宇品支部（１９０４年陸軍運輸部本部に改称）、１８９５年に似島陸軍検疫所（帰還兵は似島で伝染病の検疫が行われた）、１８９７年に陸軍糧秣《りょうまつ》宇品支部（食料製造・調達）などが設置されていった[21]。

広島における近代的な工場による生産が始まったのは、日清戦争以降、明治の中期からといわれている。食品や繊維製品などの工場生産が始まるが、これらの多くはいずれも軍事用の保存食、軍服や手袋、ゲートルなどいわゆる軍需製品であった。

日清戦争だけでなく、日露戦争や太平洋戦争でも大陸出兵は宇品港から行われ、広島の軍事関連施設は増強されていった。

（3）軍港呉

呉市は軍港として発展した街である。呉はもともと静かな漁村であったが、明治政府は1886年、全国の海面を5海軍区に分け、各区の軍港に鎮守府（司令部）を置いた。このうち瀬戸内海および四国沖の太平洋を海軍区とする第2海軍区の鎮守府が呉に設置された。呉に鎮守府が設置された理由について、伊藤博文は「たとえ有事の日といえども容易に敵襲を受ける恐れなく、実に安全無比の地たるをもって、帝国海軍第一の製造所を設け、将来益々その規模を拡張し兵器艦船を造出し」[22]としている。当初から軍港としてだけでなく、造船や兵器工場の地として重視されている。

造船部門では1891年に第一船渠《せんきょ》が完成、兵器部門では1894年の日清戦争勃発を機に大砲・水雷などの製造所が設置された。1903年には呉海軍工廠に改められその規模を拡大、1902年からは製鋼部門（製鉄所）の建設工事も始まり、1907年には職工2万4000人を擁する東洋一の大工場に拡張された。日露戦争時の職工は3万人を超えていたといわれている[23]。

こうして呉には海軍の造船施設が多数集積し、戦艦や航空機の製造に必要な技術が発展、やすりなど製造に必要な工具工場も併せて集積された。当時の最先端の技術とそれを扱う職人が集まり、戦艦「長門」や航空母艦「赤城」、世界最大の戦艦として知られる戦艦「大和」などが建造された。

この間、呉市広に呉海軍工廠広支廠が設置され、１９２３年には広海軍工廠となり、航空機の製造を行った。また、陸軍は１９２６年、竹原市の大久野島に毒ガス製造工場として、陸軍造兵廠火工廠忠海兵器製造所を設置、ピーク時には２０００人を超える従業員が総量６６１６トンの毒ガスを製造、その一部がマレー作戦などで使用されている[24]。

3．被爆

軍事都市として発展した広島であるが、１９４５年８月６日に人類初の原子爆弾が広島に投下され、広島市の中心市街地は壊滅的な打撃を受けた。その年の11月までに約13万人が死亡したと推定されている。

（1）原爆投下前夜の広島

原爆投下当時の広島は西日本を代表する軍都であった。大本営は本土決戦に備え1945年4月、総軍制を発令、日本国土を鈴鹿山系で二分し、東は第1総軍（司令部東京）、西は第2総軍（司令部広島）に統括させることとした[25]。米軍の本土上陸により国が二分されても戦えるために取られた措置であり、広島が西日本の総司令部に位置付けられたのである。

広島市には、第2総軍司令部のほか、陸軍船舶司令部、中国軍管区、中国憲兵隊などが配置され、4万人以上の軍人が駐留していたとされている。また、中国地方の中枢都市としての集積が進み、中国地方総監府、中国海運局、広島控訴院、広島鉄道管理局、広島逓信局、広島財務局の官公署や日本銀行・勧業銀行・日本通運などの支店が置かれていた[26]。

（2）広島が原爆投下候補地に選ばれた理由

米国ではドイツの原爆開発に対抗して1942年から原爆開発のための「マンハッタン計画」を進めていた。1944年から実戦使用準備に着手、1944年9月に米国のルーズベルト大統領と英国のチャーチル首相が原爆の対日使用で合意した。

原爆投下候補地は当初、京都、広島、小倉、新潟の4都市であったが、最終的には、第1候補広島、第2候補小倉、第3候補長崎となり、広島が最初の被爆地となった。広島県史に所収の、米国の第2回原爆投下目標選定委員会（1945年5月）記録には、広島を原爆投下候補とした理由が以下のように記されている。

ヒロシマ　ここは重要な陸軍兵站基地であり、市街工業地域のまっただ中に兵員の積出港を持っている。レーダー攻撃の目標としてふさわしく、またその規模からして市街の大部分を広汎に破壊することが可能となる[27]。

（3）原爆の被害

原爆の被害については、広島県史[28]に詳細が記載されているが、その概要としては、次のような内容である。

1945年8月6日8時14分17秒、アメリカのB29爆撃機が、ウラニウム原爆「通称リトルボーイ」を投下し、広島県産業奨励館（現在の原爆ドーム）の中心から南東160mの地点の上空580mで爆発した。そのエネルギーは、TNT火薬約13キロトンのエネルギーに相当するといわれる。

爆発直後、爆心地の温度は、摂氏3000～4000度に達した。この温度は、鉄をも蒸発させるものである。爆心地では最大風速は440m／秒、最大爆風圧は3・5kg／㎠、爆心地から500m以内では強固な鉄骨建造物さえ破壊され、木造家屋の倒壊は半径2㎞以遠におよんだ。広島は火の海と化し、広島市の建物数約7万6000戸のうち68％が全焼・全壊し、24％が半焼・半壊以上の被害を生じた。爆心地から1㎞以内に人間の50％が死亡する放射線量である400ラドが降り注いだ。また、核分裂生成物を含んだ「黒い雨」が、長径29㎞、短径15㎞の北西方向の楕円形の区域に降り、放射能による被害地を拡大した。

広島県による死者の確認数は1945年11月30日現在で、7万8150人となったが、これらの被害数は必ずしも被害の全数を把握したものとはいいがたい。8月6日当日広島市に所在した人口を想定したうえで、死亡者数を推定する試みが、いくつかなされてきた。最近の推定は、1945年11月1日までの総死亡者数を13万人前後としている。また、原爆症では後障害が深刻である。1950年までに5万人の被爆者が後障害等で死亡した。

第7節　戦後　戦後復興から高度成長へ

戦時中、広島市は原爆、呉市や福山市は数度にわたる空襲により壊滅的な被害を受けた。また、産業構造としても、軍需産業に依存する割合が高かったが、敗戦により軍需が消滅、民需への大転換を迫られることとなった。
このため広島の戦後復興は、全国以上に厳しい状況からのスタートとなったが、「広島平和記念都市建設法」の制定や戦前に培った製造技術を活用しながら、復興を進めていった。

〈広島の戦後復興の歴史〉
１９４５年　原爆により広島市は壊滅、終戦
１９４９年　広島平和記念都市建設法が住民投票を経て公布。国家的事業として、広島市を世界平和の象徴として建設することが決定
１９５０年　広島カープ誕生、セ・リーグに参戦
１９５５年　平和記念館、平和記念資料館、公会堂などが完成
１９５６年　県庁舎および県議会議事堂落成
１９５７年　広島カープの本拠地となる広島市民球場が完成
１９６０年　高度成長期を迎え、広島県も大きく成長し始める
１９６５年　平和大通りの設備完了、広島民衆駅（現・ＪＲ広島駅）完成

1. 戦後復興期

終戦後の広島県には、大量の失業者と敗戦により使用見込みのなくなった旧軍事施設・跡地が残されたが、この二つの経営資源を生かしながら、民需への大転換により復興を進めるという課題に邁進した。

(1) 広島平和記念都市建設法

1945年11月、広島市を含む全国115の都市が戦災復興都市の指定を受け、それぞれの都市で復興の都市づくりが行われるようになった。

広島市では「広島原爆災害総合復興対策に関する計画書」(広島県史に所収) において「広島を世界平和の発祥地として聖地として」「模範的近代都市」を目指すとしているが[29]、全国以上に荒廃していた広島市は財源不足から復興が計画どおりに進まなかった。そこで、広島が復興財源として考えたのが、国有財産の無償払い下げである。広島県内には、陸海軍兵器廠、造船設備、製鉄設備などの旧軍事施設・跡地が多数あり、国有財産の面積は広島市だけで176万坪に及んだ[30]。こうした旧軍事施設・跡地を国から無償で払い下げを受けることで、復興を加速することを企図した[31]。

もっとも、戦後復興は全国的な課題であり、広島市だけに国有財産を無償で払い下げることは難しいという国を説得するために浮上したのが、「広島平和記念都市建設法」という特別法の制定である。「広島市を平和記念都市として建設する」ために「国は、平和記念都市建設事業の用に供するため……普通財産を贈与することができる」ことを盛り込んだ「広島平和記念都市建設法」が１９４９年、国会で可決され日本初の住民投票を経て施行された。この法律に基づき、広島市では国有財産の無償払い下げが進められ、平和記念資料館・慰霊碑や大集会場などを備えた平和記念公園などが建設された。

また、一時は取り壊しが検討されていた原爆ドームは１９９６年、人類史上初めて使用された核兵器の惨禍を伝えるとともに、時代を超えて核兵器の廃絶と世界平和を訴えるメッセージを世界中に発信し続ける文化遺産として、世界遺産の登録が決定した。

（2）旧軍港市転換法[32]

呉市は１９４５年3月から7月にかけての空襲により12万人を超える戦災者を生み、焼夷弾攻撃により市街の大半を失った。一時は40万人を超えたといわれた呉市の人口は15万人まで減少した。戦後の呉は、進駐軍の管理下におかれ、船舶関係の仕事は制限され、多くの設備は賠償撤去対象とされた。

海軍の鎮守府が置かれていた横須賀・呉・佐世保・舞鶴の旧軍港４市は、広島市の平和記念都市建設法を先例として、国に対し、旧軍用財産施設を無償または低廉な価格で払い下げてほしいとの請願を行った。さらに、平和産業港湾都市に転換更生することを目的とした法律の制定を国に働きかけ、１９５０年に「旧軍港市転換法」がＧＨＱ了解の上で特別法として可決された。

その後、日亜製鋼呉工場（１９５１年創業、従業員１３６８人）、米ナショナル・バルク・キャリア社呉造船部（１９５２年創業、従業員２５４０人）、呉造船所（１９５４年創業、従業員３１０２人）、尼崎製鉄呉製鋼所（１９５３年創業、従業員１１３１人）など多くの工場が進出した。

さらに１９５０年６月に勃発した朝鮮戦争が戦後復興の追い風となった。播磨造船所呉船渠に対するＧＨＱの閉鎖命令が撤回され船舶の修理が可能となった。さらに、１９５２年４月にはサンフランシスコ講和条約が発効し、県内の造船設備は軍事賠償施設指定を解かれ民間造船会社として再出発した。

2. 高度成長期

(1) 広島生産県構想期（1952年〜1962年）[33]

広島県知事であった大原博夫は１９５１年、「広島生産県構想」（消費県より生産県へ）を打ち出した。この当時の広島県の県民所得は、全国平均の8割程度にとどまっていた。戦前の広島県では、多くの企業が軍需産業に依存していたが、敗戦により軍需がなくなり不振に喘《あえ》いでいた。軍需から民需への大転換を進め、県民一人当たり所得を全国水準まで引き上げることが目標とされた。

第1次生産県構想（1952年度～1956年度、その後1958年度まで延長）では、農林水産業の振興、商工業の振興、交通網の整備強化、治山治水の確立の4つを重点とする産業振興が進められた。旧呉海軍工廠を中心とした旧軍施設への企業誘致などにより、1958年の一人当たり県民所得は1950年の2・9倍となり、全国水準を上回ることとなった。

第2次生産県構想（1959年度～1962年度）では、「臨海工業地帯の造成整備を重点的に推進する」ことになり、宇品地区の臨海工業地帯などが増築された。また、1955年頃からは、大竹市、呉市を中心とする旧軍施設への企業誘致が積極的に行われた。三井グループと興亜石油は岩国旧陸軍燃料廠跡地の払下げを受け、1955年に三井石油化学工業㈱を設立、1958年に日本最初の石油コンビナートとして操業を開始した。

（2）日本鋼管福山製鉄所の建設

1961年、日本鋼管（現在のJFE）第4製鉄所の福山市誘致が決定した。広島県・福山市が工場用地を造成し、誘致に成功した。工場建設は1962年に始まり、1973年の第5期工事まで設備の増強が続き、1975年度には粗鋼年産量1343万トンを達成、その当時の世界最大の鉄鋼所となった[34]。

（3）復興期を支えた製造業

広島県の沿岸部では、鉄鋼・化学・造船・自動車等の重工業が急速に発展し、戦後復興をけん引した。こうした企業には、戦時中に軍需関連企業として発展した企業、戦後に旧軍事施設や旧軍事用地を利用することで発展した企業などが多かった。広島県の代表的なメーカーや産地の歴史を紐解いてみた。

●マツダ

マツダの沿革をまとめた『東洋工業五十年史』によれば、「マツダ」の前身は、主にコルク栓の生産を行う「東洋コルク工業」という会社であったが、コルク製造業の将来性を見据え、1927年に社名を「東洋工業」に改め機械工業に進出した。

機械工業分野で最初に手掛けたのは呉海軍工廠の兵器製造の2次下請けであった。その後、1931年には自動3輪トラックの生産を開始したが、戦時中は主に歩兵銃やその他軍需用の航空機生産を担った。戦時体制下において工場は大増設され、1936年下期から1944年下期にかけて従業員数は1048人から9669人と9.2倍、売上高は16倍、資本金は15倍に増加した。また、東洋工業の本社・工場は広島市中心部ではなく府中町にあったため、原爆による被害が小さく、多くの生産設備を有したまま終戦を迎えた。

終戦から2か月後の1945年10月には民需生産転換計画を立て、GHQの許可を得て、12月には自動三輪車などの生産を再開した。その後は四輪自動車へ進出することで発展した歴史を有する。

●造船

戦時中、広島県には、東洋一の建造能力を誇った呉海軍工廠のほか、日立造船因島・向島両工場、三菱重工業広島造船所などの大造船所や中小の造船所などが立地していた。戦後、県内の造船業は、呉海軍工廠を除いた民間造船所のみで8万総トンの建造能力を有していた。これは全国80造船所の建造能力の約10％に相当[35]するものであったが、敗戦により軍需が消滅、海運業は破綻状態であったため、多くの造船設備が遊休化した。

こうした状況の中、三菱重工業広島では鍋・釜・フライパン・犂《すき》・鍬《くわ》を、日立造船では寺院の梵鐘《ぼんしょう》を製造。また、大手造船所の営業部員が各地の漁村を訪れて注文を取り歩き、大型船の建造に充てられるべき船台で小型船舶や漁船を建造しながら、民需への転換を進めたという話が残されている。

戦後は三菱重工業・日立造船の2社を中心に回復が始まり、溶接方式とブロック建造方式の導入による建造工法の革新も加わり、国際競争力の向上から輸出船も手掛けるようになった。1952年には、戦艦「大和」を生んだドックで、当時世界最大級のタンカーである「ペトロ・クレ」（3万8000重量トン）が進水した。その後も次々と世界最大級のタンカーが建造された。県内造船業は表1―4のように、全国の造船の約2割を建造するなど、日本の造船業の中核として発展した。

表1―4　昭和20年代の広島県の船舶の建造量

年次	隻数	総トン	全国比（%）
1945年	2	3,100	3.8%
1946年	7	3,859	2.9%
1947年	14	12,432	9.9%
1948年	24	15,855	9.1%
1949年	12	19,653	13.7%
1950年	16	47,731	12.9%
1951年	15	49,672	10.5%
1952年	12	88,944	16.4%
1953年	20	119,743	18.0%
1954年	33	105,827	24.5%

出典：高橋衛「広島県における造船工業の発展過程」
（広島県『広島県史　現代』〈1983年〉p176）より作成

●リョービ

リョービ株式会社は、広島県府中市に本社がある世界的なダイカストメーカーである。同社のホームページでは、同社が誕生した経緯を次のように紹介している。

1943年12月、浦上豊は郷里の広島県府中市に株式会社菱備製作所を設立します。翌年2月に火入れ式を行い、しょうゆ蔵を改造した工場でダイカスト製品の製造が始まりました。当時は、航空兵器の部品などを製造したと言われています。

創業まもなく、金型製作から後処理まで自社で行う「一貫体制」を確立。これは現在もリョービの強みとなっています。

そして1945年に日本は終戦を迎え、軍需産業から民需産業へと変化していきます。菱備製作所は1947年に自動車メーカーとの取引を開始。時代の変化に対応し、会社は成長していきます[36]。

●石油化学コンビナート

岩国大竹地区は旧海軍施設があった。佐伯郡大竹町（現在の大竹市）を中心とする地元自治体は、戦争によって中断された工業化への夢を実現させるべく、旧海軍施設への誘致運動を進め、三菱レイヨン株式会社、日本紙業、三井石油化学工場や三井ポリミケミカルなどが大竹市へ進出した。そして、日本初の石油化学コンビナートが岩国大竹地区に誕生し、工業地帯として発展した。

●食品

田中食品は、現在の本社は広島市西区だが、呉市で創業した。もともとは味噌、漬物、のり、佃煮を製造する企業であった。第一次世界大戦では、漬物や味噌が高温・高湿から腐ってしまったため、海軍が田中食品へ新しい保存食の開発を依頼し、ふりかけが誕生した。戦時中のふりかけは兵糧として使われる軍需物資であったが、終戦後、スーパーマーケットや食料品店で販売するようになり、家庭に普及していった。

松尾糧食工業（現在のカルビー株式会社）は、戦時中、胚芽を粉にしたものやサツマイモなどを入れた団子などを代理食として軍需工場や学校に収めていた。終戦後、宇品にあった旧宇品陸軍糧秣支廠跡地の払い下げを受けることができた。そして、戦後の食糧難のなか、健康にいい栄養のあるお菓子を目指し、「かっぱえびえん」を誕生させた。1955年、カルビー製菓として再スタートをきり、日本を代表する食品メーカーとなった。

●衣料

現在の広島県の繊維産業は、福山市や府中市などの広島県東部に集中している。古くは江戸時代、福山藩の奨励により綿の栽培と綿木綿の縫製が盛んとなった。現在でも、綿デニムでは全国50％のシェアを占める日本一のデニム産地となっている。また、アパレルでは、戦時中に軍服を生産したことで縫製業者が増加。現在は、ワーキングウエアの生産額で、全国50％以上を占める産地に成長している。

3．流通業の発展

戦前の広島市の中心商業地であった中島町（現在の平和公園）・紙屋町・八丁堀一帯は、原爆により廃墟となった。このため流通業は、一部の老舗を除き、戦後の闇市から成長してきた企業が多い。

（1）百貨店

広島を代表する老舗企業は1929年に開業した福屋百貨店である。開業時の店舗は八丁堀交差点の北側にあったが、1938年に現在地に移転した。この建物は数少ない被爆建物でもある。現在の福屋百貨店は、八丁堀本店と広島駅前店の主要2店舗を中心に県内に数店を有している。

福屋以外の広島の百貨店としては、県外から進出してきた、天満屋、三越、そごうがある。天満屋は岡山市が本店だが、1955年に八丁堀に進出。その後、八丁堀店は閉店したが、広島市の周辺や福山市に4店舗を展開しており、全売上高の半分が広島県内である。

三越広島は1973年に八丁堀に進出、そごう広島は1974年に紙屋町に進出した。この八丁堀と紙屋町を結ぶのが本通り商店街である。本通りは1954年にアーケードが設置された中四国地方最大の商店街である。

(2) 量販店の拡大

広島市中心部には大手量販店が出店できるまとまった土地が少なく、地価も高く出店コストが割高なため、大手全国チェーンの広島進出が遅れた。こうした中、広島の闇市から身を起こした商売人が成長していく。

広島の代表的な量販店である「イズミ」は、広島駅前で露店としてスタート、1950年に「山西商店」を創立、1961年に「いずみ」、1980年に「イズミ」に社名変更。現在は、「ゆめタウン」や「レクト」を展開し、スーパー業界全国売上高ランニング4位の全国企業に成長している。

同じく「フジ」は、1950年に設立された「十和織物」(現在はアスティ、ヨンドシーホールディングス)の小売部門として、1967年に愛媛県松山市に「フジ」を設立。愛媛県で量販店としての地位を確立した後、広島に上陸。現在は「フジグラン」を展開。スーパー業界全国売上高ランキング11位である。

２０００年代に入るとイオングループが広島市周辺部に超大型店を相次いで出店している。２００４年にキリンビール工場の跡地にイオンモール広島府中を出店、２００９年に三菱重工業跡地にイオンモール祇園を出店、２０１８年には広島市の五日市ＩＣ近くに「ジアウトレット」を開業している。

（３）専門店

エディオンは、「久保兄弟電気商会」として１９４６年に創立、１９４７年に「第一産業」、１９８６年に「ダイイチ」、１９９７年に「デオデオ」と社名変更。２００２年にエイデンと「エディオン」を設立し、現在はエディオングループとなっている。エディオン広島本店（紙屋町）は第一産業時代からの創業店舗であり、広島県内最大の電気店である。

このほか、１９６４年に開業した紳士服販売大手の青山商事（本社は福山市）や１９７７年に創業した１００円ショップの大創産業（本社は東広島市）なども広島の有力企業である。

（４）地域間競合の激化

広島市中心部の紙屋町にはそごう百貨店やエディオンなど、八丁堀には福屋百貨店や三越百貨店などが立地し、その間を本通り商店街がつなぐ中四国地区最大の商業ゾーンとして発展してきた。もっとも、郊外の開発が進み、周辺部に新しいショッピングセンターが次々と誕生した。

広島市西側の商工センター周辺には「アルパーク」（天満屋等）や「レクト」（イズミ）、五日市ＩＣ近くの「ジ アウトレット」、広島市北側の緑井には天満屋や「フジグラン」、広島市東側の府中町には「イオン」などのショッピングセンターが営業している。

中国新聞が毎年実施している、広島市で最も利用する繁華街に関するアンケート[37]によれば、2002年時点では、八丁堀周辺（最も利用する人34・4％）および紙屋町周辺（33・7％）が圧倒的に人気を誇ってきたが、2018年調査では府中町周辺（イオンモール広島府中、2004年3月開業）の16・4％が最も高く、紙屋町16・0％、八丁堀15・4％の順となっている。

コラム⑥ お好み焼き

戦後の焼け野原の中で、屋台を中心に作られるようになったのが広島の「お好み焼き」である。「お好み焼き」といえば、全国的には、関西風のお好み焼きを想像する人が多いかもしれないが、広島で「お好み焼き」といえば、広島風のお好み焼きを意味する。広島県民にとってお好み焼きは、小さい頃から食べてきたソウルフードであり、関西のお好み焼きとは作り方が大きく異なる。

(1) 広島と関西のお好み焼きの違い

材料は、小麦粉やキャベツなど共通部分が多いが、広島では生地は少なくし、そばかうどんを入れる。広島風と関西風の最大の違いは作り方である。関西のお好み焼きは混ぜ焼きである。自分で具材を混ぜて自分で焼く。一方、広島のお好み焼きは手間がかかる重ね焼き（乗せ焼き）を店員が行う。鉄板上に生地を薄く伸ばし、キャベツ、もやし、豚肉、焼きそば、卵などを重ねていく。

(2) 広島のお好み焼きの歴史

広島は、原爆により焼け野原となり、食材も調理器具も不足していた。そんな終戦直後の時代、お好み焼きは米国から支援物資として入ってきた小麦粉（メリケン粉）を使用した料理として誕生した。また、戦前の広島は軍需工業が盛んであったため、鉄板は手に入れやすく、人々は屋台に鉄板を入れてお好み焼き屋を始めた。屋台では水道設備が乏しいことから、食器洗いが必要ないよう鉄板に乗せたまま、ヘラで食べるスタイルが広がった。

戦後10年くらい経過すると、「おばちゃん」が自宅の一角で営業するお好み焼き店が増えた。「〇〇ちゃん」という店名が多いが、これは戦争や原爆で夫を亡くした主婦が生計を立てるために始めた店が多いためともいわれている。戦争で夫を亡くし生き残った未亡人の「おばちゃん」が近所の人たちという限られた客のために、手間をかけて作ってくれるのが広島風お好み焼きである。だから広島のソウルフードなのである。

（3）お好み焼き店の数

広島県内のお好み焼き・焼きそば・たこ焼き店は1656店舗、都道府県別では大阪府、兵庫県に次いで全国3位である。人口1万人当たりの店舗数でみると、広島県が5・85店と最も多い（表1—5）。

なお、この統計にはお好み焼きだけでなく、焼きそばやたこ焼きも含まれている。大阪府や兵庫県はたこ焼き店が多いことから、お好み焼き店だけでみれば、広島県が第1位ではないかと筆者は思っている。

表１－５　都道府県別お好み焼き・焼きそば・たこ焼店の数、および人口１万人当たりの同店舗数

順位	都道府県名	店舗数	順位	都道府県名	人口１万人当たり店舗数
1	大阪府	2,850	1	広島県	5.85
2	兵庫県	1,947	2	兵庫県	3.51
3	広島県	1,656	3	大阪府	3.23

出典：総務省「経済センサス」（2014年７月調査）より作成

（4）お好み村

お好み村は、広島市中区新天地にあるお好み焼きのテーマパーク、あるいはお好み焼き屋の集合体である。戦後、広島市中心部の新天地広場に多くのお好み焼きの屋台が営業していたが、１９６３年に広場が公園になったときに屋台は立ち退きとなり、十数店舗が公園前に建てられた２階建てのプレハブ風店舗「お好み村」に移転した。

１９９２年に現在の７階建て高層ビルに移転、２階から４階にかけて20数店のお好み焼き屋が営業している。観光客や修学旅行の学生なども多い。

広島カープが初優勝したときに、お好み焼き屋で喜ぶ広島市民の姿がテレビ中継され、あの食べ物は何か、ということで広島風お好み焼きが全国的に知られる食べ物になっていったともいわれている。

広島のお好み焼きについて、さらに詳しく知りたい人は、オタフクソース株式会社のWood Eggお好み焼館見学や、参考文献に挙げた『広島お好み焼き完全マスター本』がお薦めである。

〈参考文献・資料〉
・広島県『広島県史・総説』（１９８４年）
・広島県『広島県史・近世１』（１９８１年）
・広島県『広島県史・近世２』（１９８４年）
・広島県『広島県史・近代１』（１９８０年）
・広島県『広島県史・近代２』（１９８１年）
・広島県『広島県史・現代』（１９８３年）
・広島市『広島新史（経済編）』（１９８４年）
・広島県教育委員会「郷土ひろしまの歴史Ⅰ」（平成25年）
・広島県教育委員会「郷土ひろしまの歴史Ⅱ」（平成26年）
・岸田裕之編『広島県の歴史』（山川出版社、１９９９年）
・有元正雄・天野卓郎・甲斐英雄・頼祺一『広島県の百年』（山川出版社、１９８３年）
・廿日市商工会議所テキスト編集委員会『宮島本（宮島検定）』（廿日市商工会議所、２００６年）
・木本泉『佐伯みち─古代の謎を歩く─』（溪水社、２０１５年）
・中国新聞社編『Ｖ１記念　広島東洋カープ球団史』（広島東洋カープ、１９７６年）
・松本重訓編『広島お好み焼き完全マスター本』（お好み焼きアカデミー、２０１４年）
・東洋工業株式会社五十年史編纂委員会編『東洋工業五十年史　沿革編　１９２０─１９７０』（１９７２年）

〈脚注〉
1．中国新聞社編『Ｖ１記念　広島東洋カープ球団史』（広島東洋カープ、１９７６年）ｐ１６９より引用。
2．同右、ｐ１７０より引用。

3. 広島県災害対策本部「平成30年7月豪雨災害による被害等について（50報）」（2018年7月31日）の数値による。
4. 広島県災害対策本部「平成30年7月豪雨災害による被害等について（63報）」および広島県「平成26年の災害状況」の数値による。
5. 広島県ホームページ（https://www.pref.hiroshima.lg.jp/soshiki/100/kikenkasyo.html）の数値による。
6. 廿日市商工会議所テキスト編集委員会『宮島本（宮島検定）』（廿日市商工会議所、2006年）p14より引用。
7. 木本泉『佐伯みち―古代の謎を歩く―』（溪水社、2015年）p40
8. 文化庁「『神宿る島』宗像・沖ノ島と関連遺産群」2.a.2「構成資産の説明」p31より引用。
9. サンフレッチェ広島のホームページ（http://www.sanfrecce.co.jp/club/）より引用。
10. 岸田裕之編『広島県の歴史』（山川出版社、1999年）p195～p196
11. 同右、p197より引用。
12. 有元正雄・天野卓郎・甲斐英雄・頼祺一『広島県の百年』（山川出版社、1983年）p60
13. 加藤秀俊ほか編『全国の伝承　江戸時代　人づくり風土記　聞き書きによる知恵シリーズ（34）ふるさとの人と知恵　広島』（農山漁村文化協会、1991年）のp102には、「1881年発行の『勧業雑報』という資料に76艘が載せられている」との記録がある。
14. 宮田さつき「化粧筆の歴史・製造・ブラシテクニックについて」（『堺女子短期大学紀要』第41・42号、2007年）p35より引用。
15. 同右、宮田論文p36、43より。
16. 例えば、北海道北広島市は広島からの移住者に由来する。
17. 有元正雄・天野卓郎・甲斐英雄・頼祺一『広島県の百年』（山川出版社、1983年）p109～110
18. 一般社団法人宮島観光協会ホームページ「もみじ饅頭」（http://www.miyajima.or.jp/present/present_momiman.html）より引用。

19. 廿日市商工会議所テキスト編集委員会『宮島本（宮島検定）』（廿日市商工会議所、２００６年）p１３５より引用。
20. 広島県『広島県史・近代１』（１９８０年）p４８７
21. 同右、p６４０
22. 同右、p６１５（伊藤博文「秘書類簿」〈兵政関係資料〉）より引用。
23. 同右、p９５４～９７１
24. 前掲注10、p２８３
25. 広島県『広島県史・近代２』（１９８１年）p１０２０
26. 同右、p１０３４～１０３７
27. 同右、p１０４２より引用。
28. 同右、p１０４３～１０５１を要約。
29. 広島県『広島県史・現代』（１９８３年）p２６３より引用。
30. 広島市『広島新史（経済編）』p１１１
31. 同右、p１１６
32. 広島県『広島県史・現代』（１９８３年）、p２９３～３３０
33. 同右、p３３１～３５１
34. 同右、p６９４～７１６
35. 同右、p１７３
36. 株式会社リョービホームページ「リョービの物語」（http://www.ryobi-group.co.jp/hayawakari/hayawakari04.html）より引用。
37. 中国新聞社「広島市広域商圏調査」（『中国新聞』２００２年11月15日、２０１８年11月27日）

第Ⅱ部

広島の今

——広島の現状と課題

広島県は中四国地方最大の工業県、商業県であり、広島市は中四国地方の広域中心都市である。

広島県は静岡県などとともに「日本の平均的な県」といわれることがある。広島は大都会ではないが田舎でもないということらしい。もっとも、平均的といわれる広島県だが、以下の理由から変革期を迎えようとしている。

第一に、広島県は人口減少社会に入った。広島市の人口はなお増加しているものの、間もなくピークを迎えると予測されている。広島は拡張・スプロール化の時代から縮小・コンパクト化の時代へ転換しつつある。第二に、広島県は製造業を中心に発展してきたが、海外現地法人を設立する企業が増えており、輸出から海外生産へシフトする可能性がある。第三に、海外からの観光客が増えているが、対応が進んでいるとはいい難い。こうした環境変化にどのように対応していくかが問われている。

以上を踏まえ、第2章では広島県経済の特徴を把握し、第3章では人口減少社会の到来、製造業の海外進出、農林水産業のブランド化、訪日外国人への対応の遅れという課題を分析していく。

第２章　広島経済の特徴

第１節　広島経済の規模と産業構造の特徴

１．全国における広島の地位

広島県の人口は２８２・９万人（２０１７年１月）、全国シェア２・２％、都道府県順位は12位であり、広島県の県内総生産は11・９兆円（２０１５年度）で全国シェア２・２％、都道府県順位12位である。広島県経済を分析する場合、この全国シェア２・２％、都道府県順位12位が一つの基準となる。これを上回る指標は得意な分野、これを下回る指標は不得意な分野とみることができる。

事業所数は13・９万か所（２０１６年）で全国シェア２・３％、都道府県順位11位である。企業数（２０１６年）は８万３１２６社で全国シェア２・３％、うち大企業は１６４社、全国シェア1・5%。上場企業は47社、うち東証1部上場企業は表2—2の21社（2019年1月）である[38]。

以上のように、人口、県内総生産、事業所数の全国シェアは2・2%~2・3%、都道府県順位は11位~12位であり、人口規模相応の経済規模である。もっとも、日本経済は首都圏、関西圏、中部圏の3大都市圏のウエートが高い。それ以外の地方圏において、人口規模に見合う経済力を有している地域は多くない。そうした点を踏まえると広島県の経済力は高い。

また、中国5県の中でも広島県は大きい。人口（2017年）は、広島県が282・9万人（全国シェア2・2%）に対し、岡山県190・7万人（同1・5%）、山口県138・3万人（同1・1%）、島根県68・5万人（同0・5%）、鳥取県56・5万人（同0・4%）である。経済指標で比較するとその差はさらに大きい。

2. 産業構造の特徴

広島県の産業別就業人口の割合は、表2—1に示すとおりである。

第1次産業（農林水産業）の県内就業人口に占める比率は3・2%と全国平均の4・0%を下回っている。広島牡蠣など全国トップシェアを占める産品はあるものの、平野が少ないこともあって農林水産業が占める比率は低い。

表２－１　産業別就業人口比率

（2015年）　（%）

	広島県	全国	広島－全国
第1次産業	3.2	4.0	-0.8
第2次産業	26.8	25.0	1.9
第3次産業	70.0	71.0	-1.1

出典：総務省統計局「国勢調査」（2015 年）より作成

表２－２　広島県の上場企業（2019 年１月）

業種	東証1部上場企業
製造業	ウッドワン、エフピコ、北川鉄工所、ジェイ・エム・エス、ダイキョーニシカワ、中国工業、中国塗料、戸田工業、マツオカコーポレーション、マツダ、リョービ、ローツェ
建設業	中電工、ビーアールHD
電気ガス水道業	中国電力、広島ガス
卸売・小売業	イズミ、青山商事、ポプラ
金融・保険業	広島銀行
運輸業	福山通運

出典：株式会社東京証券取引所

第２次産業（製造業等）の占める比率は26・８％と全国平均の25・０％を上回っている。広島県には中央大手の出先工場だけでなく地元企業の工場も多い。また、広島県の東証１部上場企業数は21社だが、このうち12社が製造業である（表２―２）。

第３次産業（商業・サービス業等）の占める比率は70・０％と全国平均の71・０％を下回っている。卸売・小売業は16・２％と全国平均の15・３％を上回っているが、情報通信業や観光などの

表２－３　産業別就業人口比率（2015 年）　　　　単位：構成比 %

		広島県 (a)	全国 (b)	広島ー全国 (a-b)
全国より構成比が高い	製造業	18.36	16.22	2.14
↑	医療，福祉	13.33	11.92	1.40
	卸売業，小売業	16.18	15.28	0.90
	公務（他に分類されるものを除く）	3.84	3.44	0.40
	運輸業，郵便業	5.34	5.17	0.17
	＜略＞			
	金融業，保険業	2.06	2.42	−0.36
	学術研究，専門・技術サービス業	2.88	3.26	−0.38
	宿泊業，飲食サービス業	5.13	5.51	−0.38
↓	農業，林業	2.83	3.51	−0.68
低い	情報通信業	1.76	2.85	−1.09

出典：総務省統計局「国勢調査」（2015 年）より作成

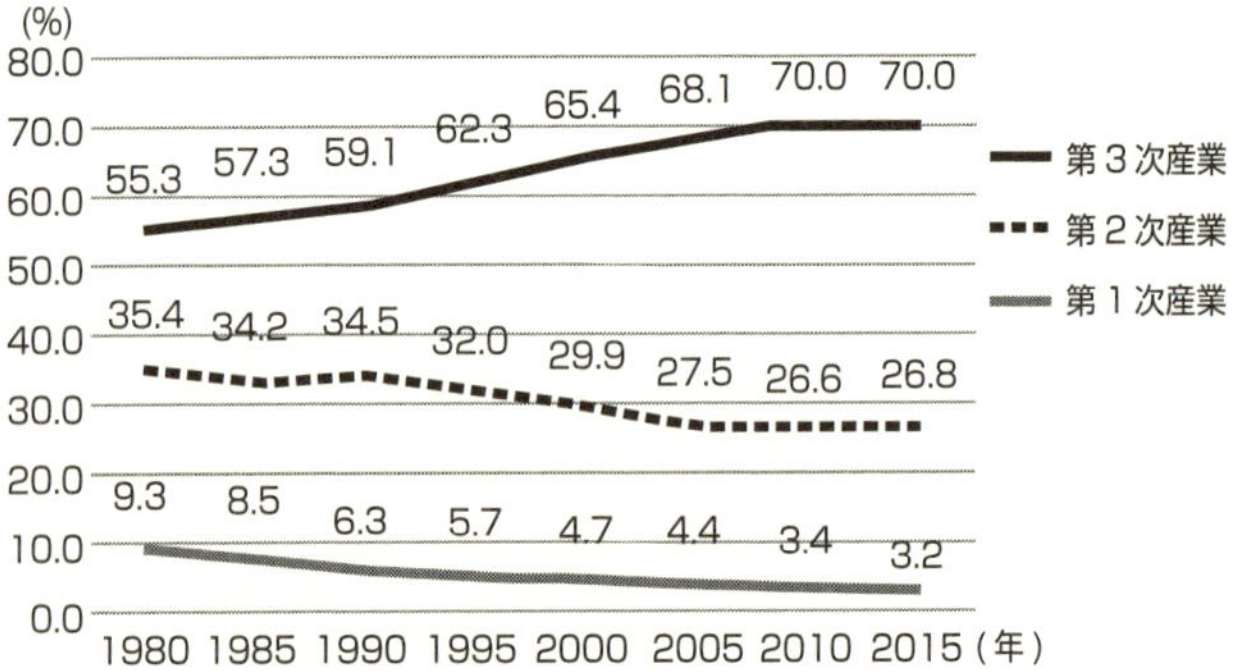

図２－１　産業別就業人口比率（広島県）
出典：総務省統計局「国勢調査」より作成

サービス業の比率が全国平均を下回っている。

産業別就業人口比率でみて広島県が全国平均より高い5業種は、表2―3のとおり、製造業、医療・福祉、卸売・小売業、公務、運輸・郵便業である。技術力の高い製造業が蓄積していることが広島の強みである。逆に低い5業種は、情報通信業、農業・林業、宿泊・飲食サービス業、学術研究・専門技術サービス業、金融・保険業となっている。いわゆる都市型サービス業のウエートが小さいことは気がかりである。

産業別就業人口比率は、長期的には、第1次産業、第2次産業が低下し、第3次産業が上昇している(図2―1)。ここ数年は、広島県の主力産業である自動車や造船がリーマンショック後の落ち込みからの回復したため、第2次産業の構成比がやや上昇したが、広島県内の主要メーカーでは後述するように、海外進出を進めている。長期的には、第2次産業の就業人口比率は低下する可能性がある。

第2節　広域中心都市

札幌市・仙台市・広島市・福岡市は「広域中心都市」と呼ばれる。札幌は北海道、仙台は東北地方、広島は中四国地方、福岡は九州地方の広域中心都市である。大企業や官庁の多くが、この広域中心都市にそれぞれの地方を統括する支所を設置しており、その数は4都市平均で815社に達している。このため、札幌・仙台・広島・福岡は「支店経済」ともいわれる（表2－4）。

表2－4　大企業の都市別支所数（2010年）

	本社	支所
東京	1,072	1,346
大阪	309	1,206
名古屋	98	1,157
福岡	34	954
仙台	10	850
広島	13	736
札幌	25	721
横浜	61	548
さいたま	14	407
高松	10	400

出典：阿部和俊「経済的中枢管理機能からみた日本の主要都市と都市システム」（『季刊地理学』67巻3号、2015年）p 157より作成。支所を出している企業数。

広島市には役所の出先機関も多い。その先鞭《せんべん》をつけたのは明治時代の鎮台（1872年設置）である。軍事組織である全国6鎮台の一つが広島に設置されたことで、広島には陸軍関係の諸機関が集積していく。また、第1章第6節で述べたように、陸軍以外にも中国地方総監府、中国海運局、広島控訴院、広島鉄道局、広島逓信局、広島財務局などの官公署や日本銀行・勧業銀行・日本通運などの支店が置かれた。

戦後も日本経済が成長する中で、広島市には中四国地方を統括する民間企業の支所や政府の出先機関が設置されている。政府の出先機関のうち、その名称に「中国」がついている機関は広島県だけでなく、中国地方を統括していることが多い。財務省の中国財務局、総務省の中国総合通信局、国土交通省の中国地方整備局や中国運輸局などである。また、防衛省の中国四国防衛局は中四国地方を統括している。

今後も広島市が発展していくためには、中四国地方の「広域中心都市」であり続けることが必要である。都市が発展し人口が増大する要素として、高度経済成長期には「工場」が大きな推進力となった。しかしながら、高度経済成長期以降は、工場の海外移転から国内の工場労働者は減少しているだけに、中枢管理部署である支所の存在は重要である。

もっとも、広島市が中四国地方の広域中心都市であり続けることができるかどうかは分からない。広島市は大阪市や福岡市に比べて規模が小さい。また、大阪市と福岡市の中間という地理的要因もあって広島に統括部署が設置されたが、交通網の発展により、都市間の時間距離が縮小している。このため、わざわざ広島支所を設けなくても、中国地方の東側の県は大阪支所、西側の県は福岡支所で統括すればよいと考える企業が増えると、広島の中枢管理機能は縮小されることになる。

将来の広島を考えると、広島市が中四国地方の広域中心都市として存続し続けることが戦略テーマとなる。

〈参考文献・資料〉

・阿部和俊「経済的中枢管理機能からみた日本の主要都市と都市システム」『季刊地理学』67巻3号、2015年

〈脚注〉

38. 事業所数は総務省「経済センサス」(2016年)、企業数は中小企業庁「都道府県・大都市別企業数、常用雇用者数、従業者数(民営、非一次産業)」(2016年)、上場企業数は東京証券取引所のそれぞれ数値による。

第3章　広島経済の課題

第1節　人口減少社会の到来

広島県の人口は２８４万人（２０１５年10月）となっており、１９９８年11月の２８８・５万人をピークに人口減少が始まっている。約30年後の２０４５年には２４３万人と予測されており、予測どおりに減少すると、１９９８年のピークから16％の減少となる。

広島市の人口は１１９万人（２０１５年10月）となっている。２０２０年代の１２１万人をピー

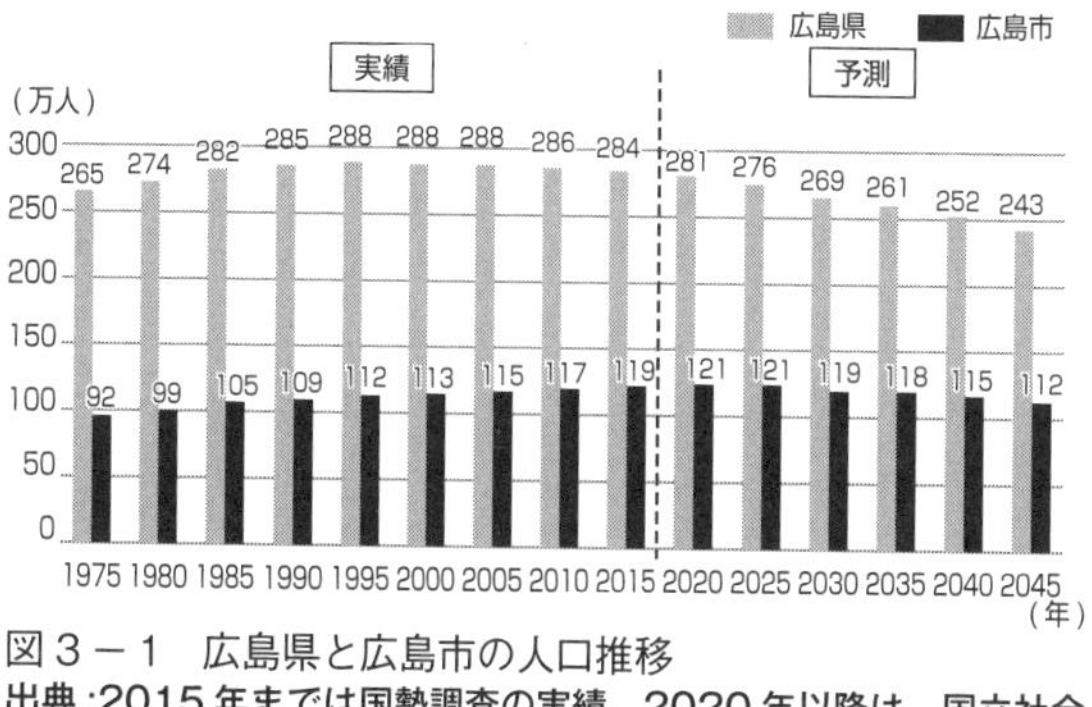

図３－１　広島県と広島市の人口推移

出典：2015 年までは国勢調査の実績。2020 年以降は、国立社会保障・人口問題研究所「日本の地域別将来推計人口（2008 年推計）」より作成

クに人口減少が始まり、２０４５年には１１２万人まで減少すると予測されている（図３―１）。

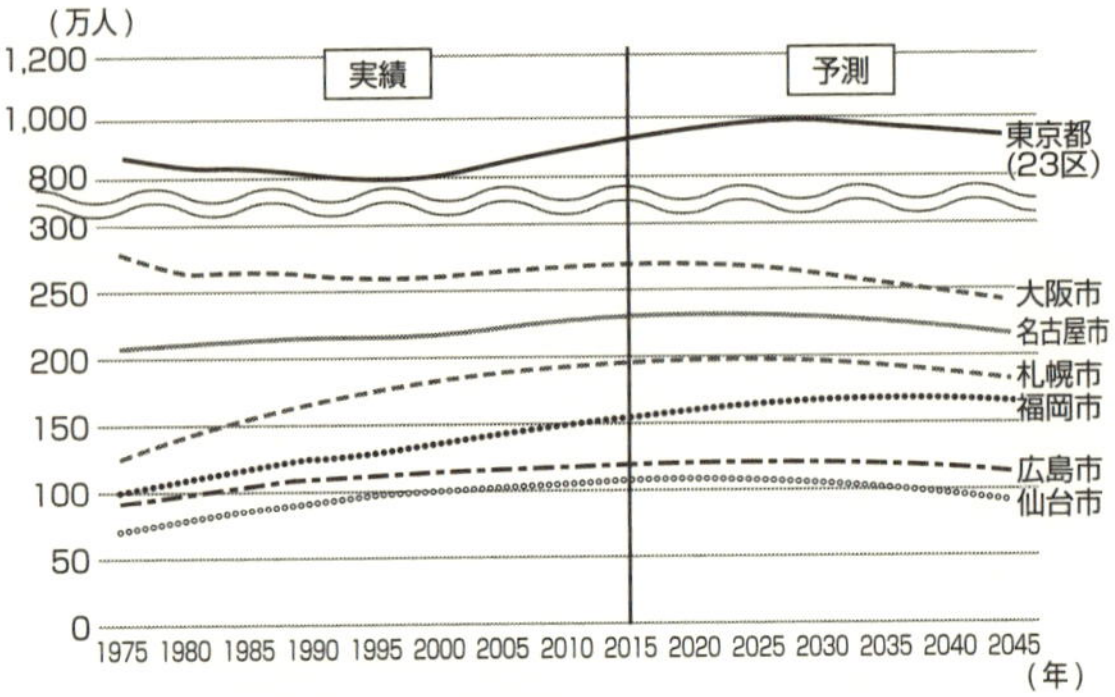

図３－２　主要都市の人口推移

出典：2015年までは国勢調査の実績、2020年以降は、国立社会保障・人口問題研究所「日本の地域別将来推計人口（2018年推計）」より作成

日本を代表する７都市（札幌市・仙台市・東京23区・名古屋市・大阪市・広島市・福岡市）の人口が約40年前の１９７５年から約30年先の２０４５年までの70年間に、どのように変化し、どのように変化していくかを図３―２のようにグラフにした。

まず、１９７５年から２０４５年までの70年間において、７都市の順位に変動はない。もっとも、広島市と地理的に近い福岡市を比較すると、１９７５年では、広島市92万人、福岡市１００万人とその差は８万人であったが、２０１５年では広島市１１９万人、福岡市１５４万人とその差は34万人まで開き、２０４５年には広島市１１２万人、福岡市

１６５万人とその差は53万人まで広がると予測されている。

広島市は、近畿地方を代表する大阪市と九州地方を代表する福岡市の中間、境目に位置している。西日本最大都市である大阪市と西日本で最も勢いのある福岡市の間で、埋没せずに発展できるかが広島の課題であり、そのための方策は第４章以下で検討していく。

なお、広島県は人手不足状態にある。労働需給を示す有効求人倍率は、全国以上のペースで上昇し、２０１８年12月の有効求人倍率は２・09倍となっている。この水準は東京都に次ぐ、全国２位の高さである。また、外国人労働者も増加しており、技能実習生は愛知県に次いで全国２番目に多くなっている。

第２節　農林水産業のブランド化

１．農業

広島県は平野が少ないため、積極的に開墾が進められてきた。このため、広島の田は表３―１のとおり傾斜地が多く（傾斜１／20以上の田は広島県38％、全国14％）、棚田面積は第１章第５節で述べたとおり全国最大を誇る。こうした傾斜地・棚田は、効率的な大規模農法が難しく生産効率が悪い。また、広島県では高度成長期に製造業等が発展し、農家の農外収入が拡大したため、稲作主体の小規模農家が多数存続し、農地の集約が遅れている。

表３－１　水田の傾斜度別構成比

		広島県	全国
傾斜小	1/300未満	7%	20%
↕	1/300～1/100	7%	24%
	1/100～1/20	48%	42%
傾斜大	1/20以上	38%	14%

出典:第4次土地利用基盤整備基本調査(2001年)より作成

表３－２　広島県の主要農業指標

	広島県	全国シェア(全国平均)	全国順位	出典
総農家数	56,673戸	2.6%	15位	農林業センサス2015年
うち主業農家数	2,612戸	0.9%	33位	農林業センサス2015年
1戸当たり平均耕地面積	0.99ha	(2.09ha)	38位	農林業センサス2015年
耕作放棄地面積	11,888ha	2.8%	12位	農林業センサス2015年
耕地利用率	77.3%	(91.7%)	44位	耕地及び作付面積統計2015年

こうした事情から、表３—２のとおり広島県では総農家数は全国15位と多いが、主業農家数は33位と少なく、一戸当たり平均耕地面積は０・99haと、全国平均２・09haの半分以下である。高齢化の進展、後継者不足から耕作放棄地が増加し、耕地利用率は44位と全国最低レベルとなっている。

品目別の農業産出額は、畜産（全国15位、以下同）、米（25位）、野菜（34位）、果実（15位）の順となっているが、知名度が高いのは、島嶼《とうしょ》部《ぶ》を中心とするレモン（1位）、ネーブルオレンジ（1位）、はっさく（2位）などである。

畜産では鶏卵（４位）、野菜では備前のわけぎ（1位）、くわい（1位）の全国シェアが高い。

地域団体商標登録されている農産物としては、「広島みかん」「大長みかん」「髙根みかん」「広島レモン」「大長レモン」「広島はっさく」「三次ピオーネ」「福山のくわい」「比婆《ひば》牛」がある。レモンについては、次に記すようなブランド化が進められている。

コラム⑦「おしい広島」と「広島レモン」

広島県には「広島牡蠣」「広島お好み焼き」「もみじ饅頭」という全国的な知名度を有する三つの特産品がある。もっとも、この御三家に続く特産品が弱い。「広島レモン」は全国シェアが1位であるにもかかわらず知名度が低く、御三家に次ぐ広島ブランド候補となっている。

(1) 広島レモンの歴史と現状

広島は昔から国内レモンの最大産地であった。みかんと同じような場所で育つが、みかん以上に寒さに弱いという弱点があり、瀬戸内が最適地である。

国産レモンは、レモンの輸入自由化により海外からの低価格レモンに市場を奪われたが、輸入レモンには防腐剤が使われていることが判明し、健康に関心の高い消費者を中心に国産レモンの価値が見直されている。

(2) 「おしい広島」と「広島レモン」

広島レモンのブランド力向上に一役買ったのが、広島県の"おしい！"キャンペーンである。広島県は「おしい」は「おいしい」の一歩手前だという。この"おしい！"状況を打破し、広島の魅力を全国へアピールするため、熱い志を持つ県庁職員12名で構成する「全力歓迎課！」が2012年に立ち上がった。

また、「広島県おしい！委員会」が結成された。委員長が有吉弘行、秘書に杉原杏璃、その他のメンバーに西城秀樹や山本浩二など広島県出身者が集まった。2013年8月をもって解散したが、広島レモンは「おしい！広島県」の代表格であり知名度を高めた。

広島のおしい点

・全国一の生産量なのに知られていない広島レモン（図3―3、3―4）

・わざわざ広島「風」と呼ばれるお好み焼き
・灘や伏見には知名度で及ばない西条の酒
・最後の最後で源氏に敗れた平清盛
・旬は短く年中食べられない広島カキ

（3）広島レモンの商品化

広島県では、多くの企業で広島レモンを使った商品開発が進められている。ウェブで「広島レモン商品」を検索すると、多くの商品がヒットする。「レモンケーキ」「レモンサイダー」「レモン酒」「イカ天レモン味」「レモン鍋のもと」「広島レモン焼き肉のタレ」「広島レモンジュレ」などである。広島レモンが、広島の新たな特産品へと成長することが期待されている。

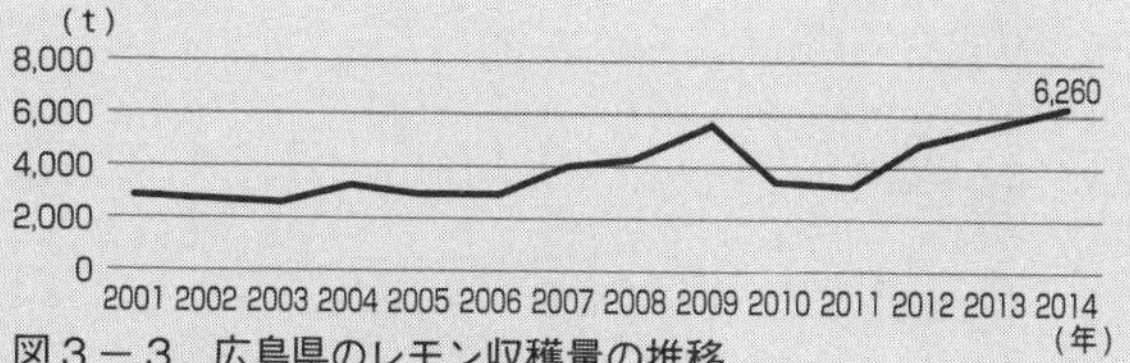

図３－３　広島県のレモン収穫量の推移
出典：農林水産省「特定果樹生産動態等調査」より作成

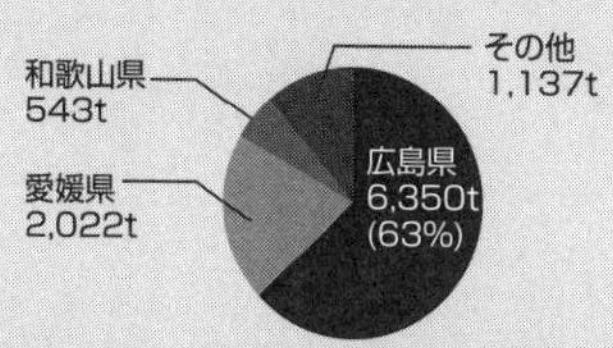

図３－４　レモンの県別生産量
出典：農林水産省「特産果樹生産動態等調査・果樹品種別生産動向調査」(2015年)より作成

2. 林業

広島県は森林が多く、森林面積の全国シェアは2・5％、全国10位を占める。しかし、広島県の山林は個人が所有する小規模自然林が多く、集約化・近代化が進んでいない。そのため、林家数は全国2位と多いが、２０１５年の林業産出額は75億円、全国シェア1・7％、全国20位にとどまっている。

一方、広島県には大手製材業者があり、木材（素材）需要量は２１３７千㎥（全国２位）と全国有数の規模となっているが、こうした県内大手製材業者のニーズに県内の林業では質および量の両面で対応できていない。県内大手製材業者は、県産材ではなく外材を使用しており、海外からの外材（素材）入荷量１７７０㎥は全国シェア33・０％、全国1位であり、外材依存度は80・４％（全国平均70％）となっている。

全国的に国産材が見直されている。広島県内においても、林業経営の近代化等による県内の森林資源の活用を考える必要がある。

3. 水産業

広島県の２０１５年の漁業生産量は12万８３１１t（全国シェア2・8％、全国12位）と比較的大きいが、その大半は牡蠣養殖10万６８５１t（同65・０％、同1位）である。牡蠣以外では、かたくちいわし1万5４8ｔ（同6・3％、同5位）、しらす２１３０ｔ（同３・３％、同11位）、のり養殖３４７8ｔ（同０・8％、同13位）などがある。

水産業のブランド化については、次のコラムを参照されたい。

コラム⑧　広島牡蠣

牡蠣は世界に１００種類以上、日本に20種類が生息している。そのうち日本で主に食されているのは真牡蠣と岩牡蠣の2種類であり、広島牡蠣は真牡蠣の養殖である。真牡蠣は浅瀬で2～3年かけて養殖される。産卵期である夏は食に適さないため、冬から春にかけて食べられる。

牡蠣の養殖は16世紀半ば、室町時代に始まったといわれている。戦前は、広島湾の干潟を利用した「石蒔《いしじ》法」（室町時代～江戸時代）や「ひび建法」（江戸時代～昭和初期）が中心であったが、戦後、広島湾の多くの干潟が都市化や工業化の進展により埋め立てられたため、竹の筏《いかだ》（縦10ｍ、横20ｍ）を沖合いに浮かべ、その筏にホタテガイの殻を吊り下げて牡蠣を養殖する「筏式垂下養殖法」が中心となった。この方式は、牡蠣を一日中海中に置くため生育が早く、広島牡蠣の生産量は大きく拡大した。

広島県、とりわけ広島湾周辺が牡蠣の産地となった背景としては次の3点が挙げられる。

①広島湾は多くの島に囲まれているため、悪天候でも強い波や風を受けにくく、養殖用の牡蠣筏が壊れることが少ない。

②太田川を通じて栄養素が海に流れ込み、牡蠣の餌である植物プランクトンが多い。牡蠣は24時間、海水を濾過《ろか》しながら成長する。

③牡蠣は夏場に産卵する。広島湾には多くの牡蠣がいるため、産卵される量も多く、ホタテガイの貝殻で稚貝を大量に採取することができる。牡蠣が多いから稚貝も多いのである。牡蠣が少ない地域の養殖業者は、広島から稚貝を購入している。

牡蠣(むき身)の生産量(2015年)は、広島県が10万6851t(全国シェア65・0%)、宮城県1万8691t(同11・4%)、岡山県1万6657t(同6・5%)となっており、広島県が圧倒的なシェアを有している。牡蠣の生産量は、30年前の年間15万t程度から、最近は10万t程度に減少しているが、牡蠣の価格上昇により生産額は増加しており、2015年は214億円となっている。

広島牡蠣は、生産量では圧倒的なシェアを誇るが、ブランド力はそれほど高くないともいわれる。

むき身の加熱用が主体で、オイスターバーといった牡蠣専門店で見かける生食用殻つき牡蠣が多くないためである。広島県では、オフシーズンの夏から秋にかけても食べられる「三倍体牡蠣」や、一粒単位で飼育する「一粒牡蠣」などを開発強化することで、ブランド力強化を図っている。

第３節　製造業の海外進出

広島県には自動車、造船、鉄鋼などの重厚長大型の企業が多い。こうした企業の輸出拡大が広島県経済の発展をもたらしてきた。しかしながら、最近では、海外現地法人を設立する企業が増えており、今後は輸出から海外生産へシフトする可能性がある。

１．輸出の増加

広島県の輸出入（広島県内の空港・貿易港を経由した輸出入、２０１７年）は、輸出が２兆３７６７億円で全国シェア３・０％、輸入が１兆６４６億円で全国シェア１・４％となっている[39]。広島県には輸出競争力の高い自動車、造船、鉄鋼などの大企業が立地しており、輸出額が大きい。広島県の輸出額[40]はここ数年増加しており、輸出増加が県内製造業の生産を押し上げている（図3―5）。

もっとも、品目別には、米国向けを中心に自動車が5年前に比べ倍増しているが、それ以外の製品は横ばいにとどまっている。米国との自動車を巡る貿易摩擦などを踏まえると、自動車は輸出拡大よりも海外生産へシフトする可能性がある。

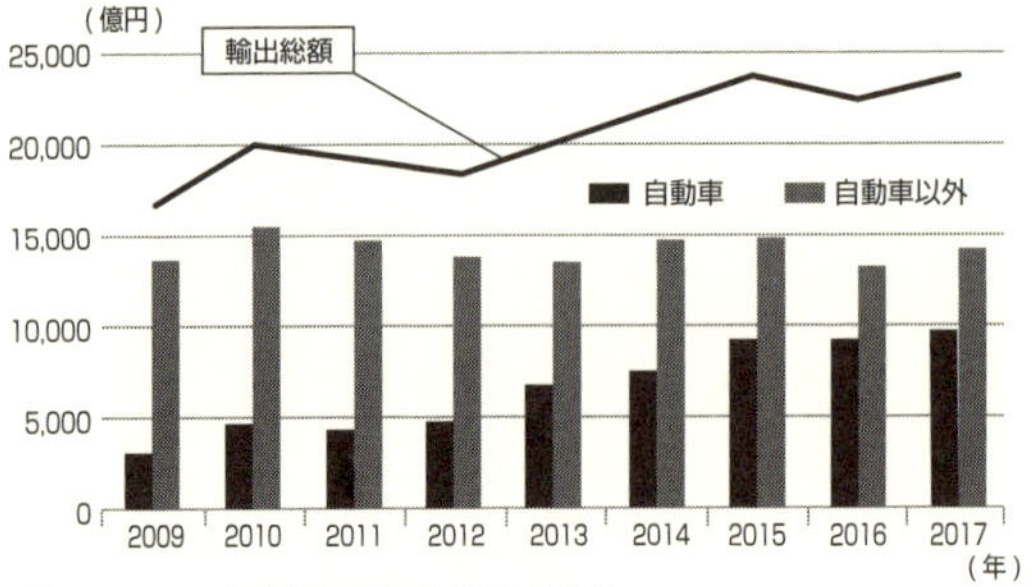

図3－5　広島県の輸出額の推移
出典：神戸税関「貿易統計」、広島県商工労働局「広島県の貿易」より作成

2. マツダの海外戦略

国内主要自動車メーカーでは、円高リスクや貿易摩擦を考慮して海外生産を拡大しており、主要8社の海外生産比率は67・7％にまで上昇、国内生産台数よりも海外生産台数が多い状況となっている。この間、マツダも海外工場を拡大しているが、海外生産比率は39・6％と他社に比べると低い。また、国内で生産された車の81・6％が輸出されており、国内工場の海外依存度が高い（表3―3）。

こうした中、マツダでは海外生産拠点の拡充を進めている（表3—4）。２０１４年にメキシコ工場（生産能力25万台）が稼働開始した。２０１５年にはタイにエンジン機械加工工場を新設し、車両、エンジン、トランスミッションを一貫生産できるようになった。さらに２０２１年には、米国においてトヨタ自動車との合弁工場が年間30万台規模で稼働開始する計画である。今後の成長は、海外工場が中心となっていく可能性がある。

表３－３　主要自動車メーカーの生産・出荷台数（2017 年）

	国内販売	輸出 (A)	国内生産 (B)	海外生産 (C)	輸出比率 (A/B)	海外生産比率 (C/(B+C))
トヨタ	1,632,667	1,816,932	3,189,556	5,817,955	57.0%	64.6%
日産	590,905	627,385	1,019,972	4,749,305	61.5%	82.3%
ホンダ	724,791	81,061	817,500	4,419,342	9.9%	84.4%
スズキ	665,879	206,744	987,537	2,314,799	20.9%	70.1%
マツダ	209,660	793,173	971,455	636,147	81.6%	39.6%
三菱自	91,620	359,998	579,642	631,088	62.1%	52.1%
ダイハツ	630,856	2	919,516	343,880	0.0%	27.2%
スバル	176,737	548,839	709,643	363,414	77.3%	33.9%
合計	4,723,115	4,434,134	9,194,821	19,275,930	48.2%	67.7%

出典：自動車８社のホームページより作成

表３－４　マツダの海外生産能力（主要拠点）

メキシコ	25万台（2014年1月操業）
中国	22万台（2003年3月操業、2007年4月・10月操業）
タイ	13.5万台（1998年5月操業、2015年1月操業）
米国	トヨタ自動車との合弁工場が2021年より稼働開始予定、両社合計で年間30万台の生産を目指している。

出典：マツダ㈱のホームページより作成

3. 海外進出企業の増加

マツダに限らず、広島県内の多くの企業が海外シフト、グローバル戦略を進めている。広島県の企業が海外に設置している現地法人数は毎年増え続け、２０１５年現在３００社以上となっている。地域別では引き続きアジアが多いが、２０１２年以降はマツダのメキシコ進出により北アメリカが増加している（図３―６）。

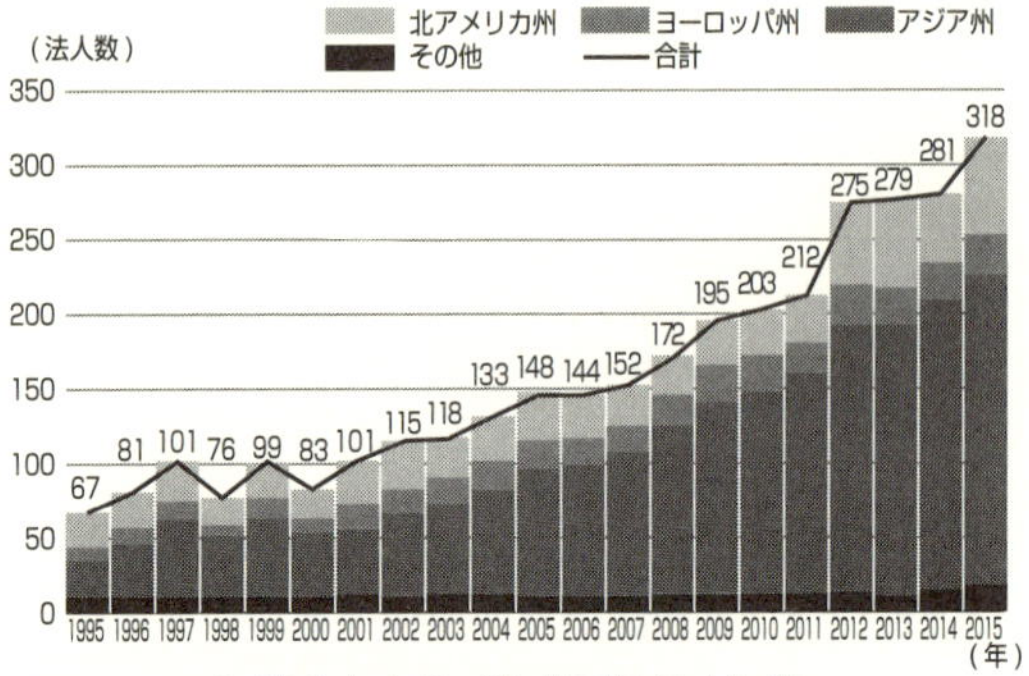

図３－６　海外進出企業（海外現地法人）数
出典：経済産業省「海外事業活動基本調査」に基づくデータをRESASから入手、作成

戦後の広島県経済は、自動車・造船・鉄鋼などの重工業を中心に、輸出を拡大することで発展してきた。今後も製造業が重要な産業であることに変わりはないが、広島県の優良企業はグローバル企業として海外工場の拡大を進めているため、輸出から海外生産へシフトする可能性を念頭に置いておく必要がある。

第４節―訪日外国人への対応の遅れ

1．広島県の訪日外国人

全国的に訪日外国人が増加しており、広島県を訪れる外国人も増加している（図３―７）。２０１７年に日本に来た訪日外国人数は入国管理局においてほぼ正確に把握されており、２８６９万人であるが、このうち広島県に何人訪れたかを把握することは難しい。広島県内の主要観光地では、外国人観光客数の推計値を公表しており、その合計は２４３万人となっている（２０１７年）。もっとも、一人の外国人が例えば平和公園と宮島と大和ミュージアムの３か所を観光すると、観光客数は３人と計算される。このため、外国人観光客２４３万人が広島に来ているのではない。

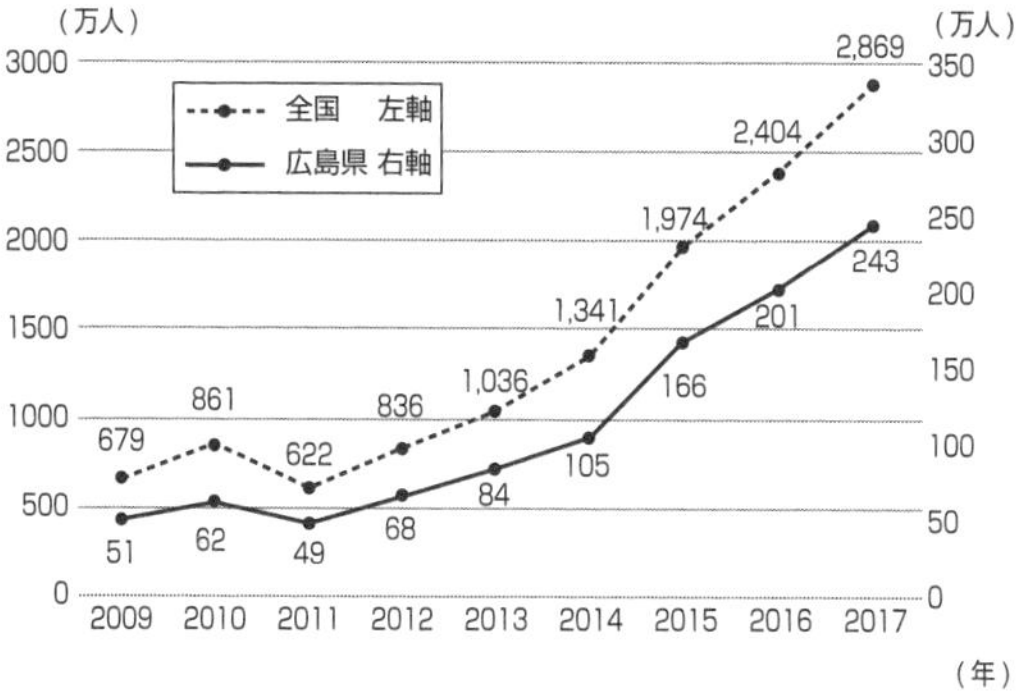

図３－７　訪日外国人観光客の推移（全国と広島県）
出典：全国は日本政府観光局「訪日外客統計」より作成。広島県は広島県「広島県観光客数の動向」より作成

観光庁の「訪日外国人消費動向調査」（２０１７年）によると、訪日外国人観光客へのアンケート調査では３・０％の観光客が広島を訪問していると回答している。そこから推計すると、２８６９万人の訪日外国人観光客のうち３・０％に当たる86万人が広島を訪れ、広島県内２・８か所の観光地を訪問した結果、広島県の主要観光地を訪れた外国人観光客数が２４３万人となっていると思われる。

訪日外国人の地域別内訳では、日本全体としては、中国・韓国・台湾・香港の４つの国と地域を中心にアジアのシェアが84・9％と圧倒的に高い。しかしながら、広島県は米国が最も多く、地域別にも欧米豪のシェアが51・４％と非常に高いことが特徴となっている（表３―５）。

表３－５　訪日外国人の地域・国別内訳（2017 年）

シャドー地は広島の構成比が全国より高い地域・国

		全国		広島県	
		人数（万人）	構成比（%）	人数（万人）	構成比（%）
	総数	2,743	100.0%	243	100.0%
地域別	アジア	2,328	84.9%	86	35.4%
	アメリカ	193	7.0%	42	17.4%
	ヨーロッパ	162	5.9%	63	25.7%
	オセアニア	57	2.1%	20	8.2%
	その他	4	0.5%	32	11.5%
国別（アジア）	中国	576	21.0%	19	7.8%
	韓国	741	27.0%	11	4.4%
	台湾	435	15.9%	23	9.3%
	香港	213	7.8%	15	6.0%
（欧米豪）	米国	140	5.1%	32	13.0%
	オーストラリア	49	1.8%	18	7.5%
	英国	32	1.1%	12	5.0%
	フランス	28	1.0%	14	5.8%

出典：法務省「出入国管理統計」（2017 年）、広島県「平成 29 年広島県観光客数の動向」（2018 年）より作成

2. 訪日外国人観光客の訪日目的

外国人観光客は様々な目的で日本に来るが、訪日目的は国により異なる。

日本食を食べることはほぼ全ての国で人気だが、ショッピングはアジアの国がやや高い。これに対して、日本の歴史・伝統文化体験や美術館・博物館、日本の日常生活体験は、アジア人にはあまり人気がないが、欧米人には人気がある。

広島には、原爆ドーム・厳島神社という二つの世界遺産がある。参考までに、世界最大

表３－６　広島県の主な観光スポットの観光客数

単位：千人

市・観光スポット	総観光客数	うち 外国人	出典
広島市	15,980	1,519	広島県「平成29年広島県観光客数の動向」
●平和記念資料館	1,680	392	広島平和記念資料館「平成29年入館者等の概況」
廿日市市	8,099	351	広島県「平成29年広島県観光客数の動向」
●宮島	5,680	325	広島県「平成29年広島県観光客数の動向」
呉市	4,580	73	広島県「平成29年広島県観光客数の動向」
●大和ミュージアム	930	不明	呉市海事歴史科学館「平成29年施設・運営情報」
尾道市	6,801	287	広島県「平成29年広島県観光客数の動向」
●しまなみ海道	204	不明	尾道市「平成29年尾道市観光客統計」

級の旅行コミュニティサイト「トリップアドバイザー」[41]によれば、外国人に人気の日本の観光スポットとして、２０１８年は広島平和記念資料館が全国2位、宮島が同3位と、上位にランキングされている。広島の外国人観光客に欧米豪の人が多いのは、原爆ドームと厳島神社という二つの世界遺産に対する彼らの関心が高いためだと考えられる。

3. 広島県の主要観光地の外国人観光客数

広島県に来た外国人観光客は、平和記念資料館（広島市）に年間39万人、宮島（廿日市市）に32万人が訪れている。市町村別では、平和記念資料館のある広島市が年間１５１万人、宮島のある廿日市市が35万人、しまなみ海道のある尾道市が28万人となっており、この3市で２１４万人となり、広島県全体２４３万人の9割近くを占めている（表3―6）。

4. 外国人観光客は増えてきているがまだ少ない、消費額はもっと少ない

広島県の外国人観光客は、欧米豪を中心に全国と同じように増加しているものの、まだまだ少ない。観光庁の訪日外国人に対するアンケート調査[42]によれば、日本に来た外国人は平均2・46都道府県を訪れているが、このうち広島県を訪問した割合（訪問率）は3・0％、都道府県別ランキングで15位である（表3—7）。原爆ドームと厳島神社という世界遺産が二つもあることを踏まえると多くない。また、いわゆるゴールデンルートにある東京都46・2％、大阪府38・7％、ディズニーランドがある千葉県36・0％、京都府25・9％などに比べると広島県は一桁少ないほか、ゴールデンルート以外の福岡県9・8％、北海道7・7％との比較でも少ない。

また、広島県の外国人一人当たり消費額2万801円は、全国順位27位であり、全国平均の

表3－7　外国人観光客の訪問率と一人当たり消費額

順位	都道府県名	外国人観光客訪問率（%）	順位	都道府県名	外国人1人当たり消費額(円)
	全国（合計）	246.3		全国（単純平均）	25,671
1	東京都	46.2	1	東京都	67,926
2	大阪府	38.7	2	北海道	67,684
3	千葉県	36.0	3	高知県	60,827
4	京都府	25.9	4	鹿児島県	49,131
5	福岡県	9.8	5	埼玉県	46,212
6	愛知県	8.9	6	福岡県	43,327
7	神奈川県	8.5	7	大阪府	42,171
8	北海道	7.7	8	沖縄県	39,451
9	沖縄県	7.3	9	茨城県	39,200
10	奈良県	7.3	10	徳島県	37,102
15	広島県	3.0	27	広島県	20,801

出典：観光庁「訪日外国人消費動向調査」（2017年）より作成

2万5671円すら下回っている（表3－7）。消費単価が低い背景には、広島の宮島や平和公園を訪れても、関西や福岡で宿泊する観光客が多く、宿泊費や飲食費などが広島で使われていないことが影響している。

広島県の訪日外国人は全国同様に増加しているものの、他の主要都市に比べ少なく、一人当たり観光消費額は全国平均にも達していない。より多くの観光客に来てもらい、より多くのお金を使って楽しんでもらう仕組みづくりが必要である。

加えて、観光客の受け入れ体制の充実も重要である。観光庁の「訪日外国人旅行者の国内における受入環境整備に関するアンケート」（2016年）によると、外国人は特に、スタッフとのコミュニケーションや多言語表示の少なさ・分かりにくさ、無料公衆無線LAN環境について困ったという。

それを踏まえ、以下が必要だと思われる。まず、多言語対応の充実である。広島県では現在、飲食店検索サイト運営大手と連携し、複数言語に対応したホームページの活用などを通じて、訪日外国人の受入環境の整備に向けて取り組んでいる。これに加え、多言語の案内表示や地図を増やしていくことも必要である。

また、通訳案内士法が改正され、都道府県毎に「地域通訳案内士」を設けることができるようになったが、広島県では2018年度より育成講座を設け、「広島県地域通訳案内士」

の登録を始めている。今後多言語対応できるスタッフが増えていくことが期待されている。

無料公衆無線ＬＡＮについては、広島市が導入を進めている「hiroshima free wi-fi」を拡大することなどが考えられる。

〈参考文献・資料〉
・広島県・広島市「ひろしま都心活性化プラン」（２０１７年）
・観光庁ホームページ
・日本銀行広島支店レポート「広島県のインバウンド需要の現状と需要拡大に向けた取り組み」（２０１７年３月）
・広島市「平成29年度改訂版　広島広域都市圏発展ビジョン」（２０１８年３月）

〈脚注〉
39. 財務省「国際収支統計」の港湾別輸出入統計の数値による。
40. 広島県の貿易港から輸出された金額であるため、広島県企業が他県の貿易港から輸出したものは含まれず、広島県外の企業が当県の貿易港から輸出したものは含まれる。
41. トリップアドバイザー「旅好きが選ぶ！外国人に人気の日本の観光スポットランキング２０１８」２０１８年6月12日（https://tg.tripadvisor.jp/news/ranking/best-inbound-attractions/）を参照。
42. 観光庁「訪日外国人消費動向調査」（２０１７年）より。日本に来た外国人は平均２・４６都道府県を訪れているため訪問率の合計は１００％ではなく２４６％となっている。

第III部

広島の未来

―交流人口の拡大に向けた将来戦略

広島県では、前章で述べたように、人口減少社会の到来、製造業の海外シフト、農林水産業のブランド化、外国人観光客の増加が進行している。広島の未来を考える上では、こうした環境変化を踏まえた対応を考える必要がある。

すなわち、広島県では人口が減少し、製造業の海外シフトが進む可能性が高いことから、県内需要だけでは成長が難しく、縮小していく可能性もある。これを補う方策としては訪日外国人観光客を含め、交流人口を拡大することが考えられる。

交流人口の拡大とは、地元の人だけでなく他地域からも人を呼び込むことである。他地域の人の消費は経済効果が大きい。例えば、一般的な家庭では、何かの支出を増やすと、他の何かの支出を節約するのが普通である。広島カープの試合を観戦するためにマツダスタジアムの入場券を購入した場合、それ以外のレジャー支出を抑制する。あるいは、広島カープの優勝記念セールで衣料品を購入した場合、それ以外のバーゲンでの衣料品の購入を減らす可能性がある。広島県民がカープ観戦やバーゲンで支出しても、他の支出を節約すると、プラスマイナスが相殺され経済効果は小さくなる。

しかしながら、広島県外の人が広島カープの観戦や優勝バーゲンで支出すると、そこで使ったお金は広島に落ちるが、それ以外の支出を抑制する場所は広島県外である可能性が高い。つまり、広島県内ではプラス効果が生じ、広島県外ではマイナス効果が生じるのである。このため、外国人観光客を含め、地域外から人を呼び込む交流人口の拡大は経済的な効果が大きい。さらに、定住にもつながれば、税収や労働力人口が増え、経済的にはより一層プラスである。

こうした視点に立ち、第4~6章は戦争遺産や伝統文化による交流人口の拡大、第7・8章は音楽やスポーツによる交流人口の拡大、第9章は都市開発による交流人口の拡大、第10章は定住人口の拡大を提言する。

第4章　戦争遺産による交流人口の拡大

第1節　広島のテーマパーク・戦争遺産

広島県に、東京ディズニーランドやユニバーサル・スタジオ・ジャパン（以下、ＵＳＪ）のような楽しいテーマパーク・遊園地をつくってほしいという声は少なくない。もっとも、東京ディズニーランドの成功を眺め、いわゆるバブル期に全国で約80のテーマパークが建設されたが、ＵＳＪと東京ディズニーシー以外のテーマパークの多くは失敗した。

また、広島にも、「ヒロシマ・ナタリー」と「呉ポートピアランド」というテーマパーク・遊園地があった。「ヒロシマ・ナタリー」は、宮島を対岸に望む廿日市市の埋め立て地に1974年4月にオープンしたレジャーパークである。ジェットコースターやプールなどが人気であったが、1996年3月に閉園した。「呉ポートピアランド」は、阪急電鉄や呉市が出資して1992年3月に開園した。「絶叫マシン」などの遊具が有名であったが、1998年8月に休園してしまった。

このように、テーマパーク・遊園地を地方で運営するのは経営的に難しい。現在の広島県内の有料観光施設で利用者数が多いのは、広島市が運営管理している「平和記念資料館」と呉市が運営管理している「呉市海事歴史科学館（愛称／大和ミュージアム）」である（表4―1）。また、有料施設ではないが、原爆ドームには多くの観光客が訪れている。

広島県は、戦前は軍都広島・軍港呉に象徴される軍事県であった。一方、戦後は平和の県を標榜するようになった。現在、平和記念資料館や大和ミュージアムが、県内で最も入場者の多い有料施設となっているというのは、こうした広島県の歴史を象徴している。戦争に関係するその他の施設としては、大久野島の毒ガス工場跡、江田島の旧海軍兵学校などが挙げられる。

なお、大久野島は毒ガス工場跡としてよりも、ウサギの島としてここ数年、外国人観光客に人気である。

表4－1　広島県内の主な戦争関連の観光地の利用者数（2017年）

観光施設名	市町名	利用者数
平和記念資料館	広島市	1,694千人
大和ミュージアム	呉市	948千人
大久野島	竹原市	407千人
江田島旧海軍兵学校	江田島市	55千人

出典：広島県「平成29年広島県観光客数の動向」（2018年）より作成

第2節　広島平和記念公園

広島市の平和記念資料館・慰霊碑や大集会場などを備えた広島平和記念公園（図4―1）は、1949年に成立した「広島平和記念都市建設法」に基づき建設された。デザインは、平和記念資料館・慰霊碑・原爆ドームが一直線に並ぶ丹下健三チームの案が、145点の応募の中から採用された。

原爆ドームは一時取り壊しが検討されていたが、市民などの署名運動により存続されることになった。さらに、第1章第7節でも述べたが、原爆ドームは1996年、核兵器の惨禍をありのままに伝えるとともに、核廃絶と世界平和を訴えるメッセージを世界中に発信し続ける負の文化遺産として、世界遺産に登録された。

なお、丹下健三はその後、東京オリンピック会場の代々木体育館などを設計し、「世界のタンゲ」

図4－1　広島平和記念公園
出典：広島市ホームページ「平和記念公園について」
(http://www.city.hiroshima.lg.jp/www/contents/1483699383190/index.html)

と呼ばれる建築家になった。

その後、米国のオバマ大統領が２０１６年に広島平和記念公園を訪問し、広島平和記念資料館を視察後、慰霊碑に献花し、「核兵器のない世界」に向けた所感を述べたこともあって、国内外から見学者が増加している（図４―２）。

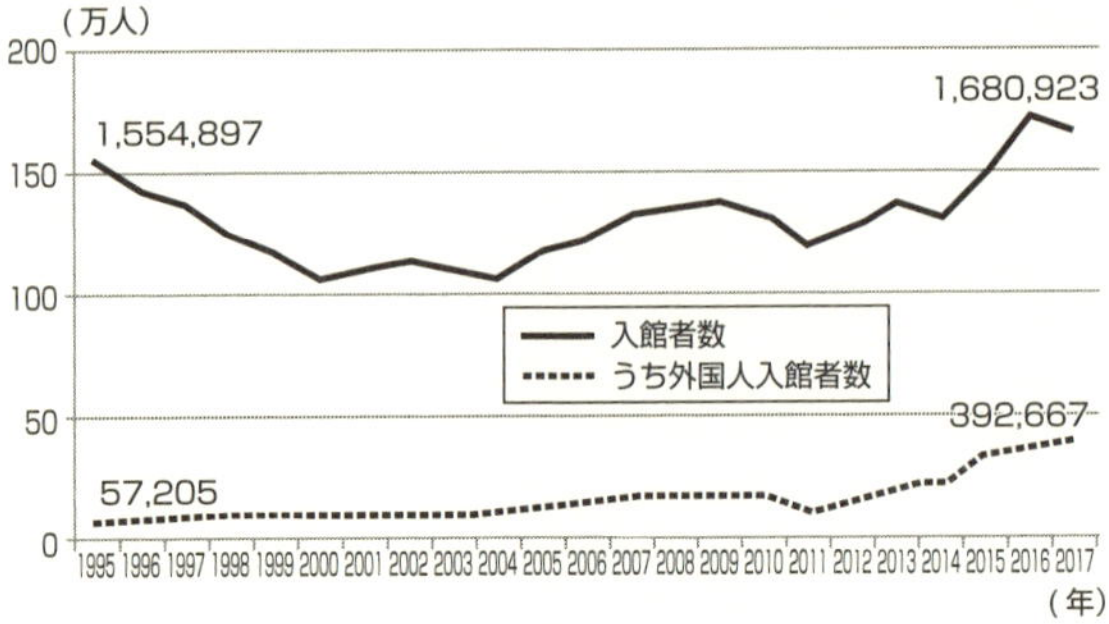

図４－２　広島平和記念資料館の入館者数
出典：広島市「広島平和記念資料館の入館者数等の概況について」より作成

なお、２０１８年10月、広島市八丁堀・紙屋町地区は「都市再生緊急整備地区」に指定されて再開発計画が進められているが、この中で、平和公園から原爆ドームを見た場合の景観に配慮することが謳《うた》われている。景観に影響するのは、広島商工会議所の建物と旧広島市民球場跡地である。

このうち、広島商工会議所の建物は移転する方向で固まっているが、旧広島市民球場跡地にどのような建物を建てるのか、その場合の景観や高さ制限をどうするのかは、今後議論されていくことになる。

コラム⑨　慰霊碑の碑文

広島平和記念公園の原爆死没者慰霊碑（公式名は広島平和都市記念碑、図４―３）の中央に、原爆死没者名簿を納めた石棺が置かれている。その石棺の正面には、「安らかに眠って下さい　過ちは繰返しませぬから」と刻まれている。

この「過ちは繰返しませぬから」の主語は誰かについて、論争になったことがある。原爆を投じたのは米国であるから主語は米国という意見や、広島を軍都にした人々という意見などがあった。これに対して広島市は、「この碑文の趣旨は、原子爆弾の犠牲者は、単に一国一民族の犠牲者ではなく、人類全体の平和のいしずえとなって祀られており、その原爆の犠牲者に対して反核の平和を誓うのは、全世界の人々でなくてはならないというものです。」[43]と説明し、全世界の人々が主語であるとしている。

図４－３　原爆死没者慰霊碑
出典：広島市ホームページ「原爆と平和に関するQ&A」
(http://www.city.hiroshima.lg.jp/www/contents/1111632890024/index.html)

第３節　呉市海事歴史科学館（大和ミュージアム）

呉市海事歴史科学館は、呉市を設立主体とする博物館で愛称は「大和ミュージアム」という。

２００５年４月23日に開館して以来、毎年１００万人前後の来館者があり、２０１５年には累計１０００万人を超えている（図４―４）。年間10万人で成功といわれる地方の歴史博物館としては、異例の来館者数である。「大和ミュージアム」といわれるように、最大の人気は、世界最大の戦艦であった「大和」の10分の１スケールモデルである。

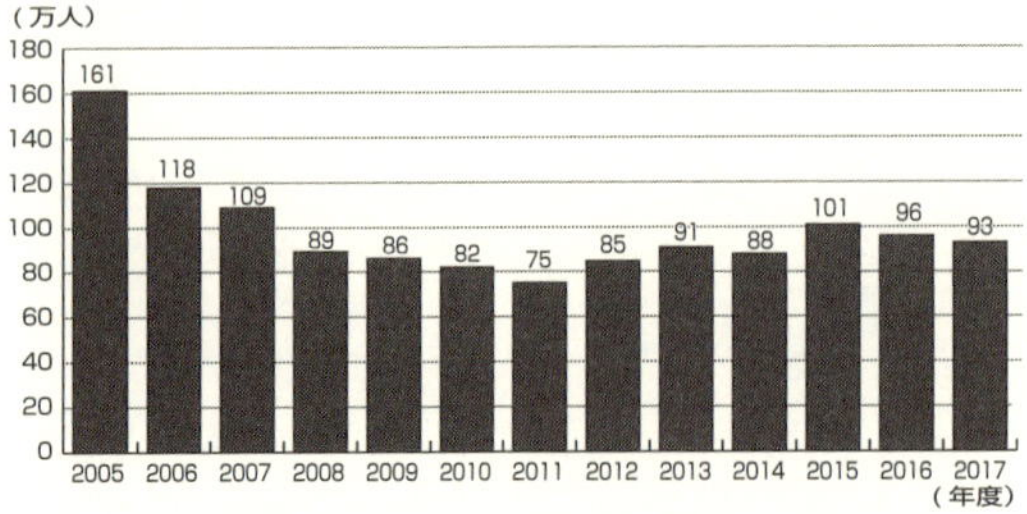

図４－４　大和ミュージアムの来館者数の推移
出典：呉市海事歴史科学館ホームページ
(https://yamato-museum.com/data/) より作成

戦艦「大和」は、１９４１年12月、呉海軍工廠《こうしょう》で当時の最先端技術の集大成として極秘裏に建造された世界最大の戦艦である。１９４５年４月７日、沖縄特攻作戦に向かう途上、米艦載機の攻撃を受けて沈没、乗員３３３２名のうち３０５６名が犠牲となった。しかし、戦後も戦艦「大和」建造の技術は生かされ、世界一の大型タンカーをはじめ、自動車や家電品の製造など、幅広い分野で戦後日本の復興を支えてきた。

また、2007年には、大和ミュージアムの隣地に海上自衛隊呉史料館（てつのくじら館）が併設された。同館のメインの展示物は、退役した海上自衛隊の展示用潜水艦旧「あきしお」の実物などである。こうした施設を中心に、呉市には年間300万人以上の観光客が訪れている。


以上のような平和関連の施設により、戦争の実相を伝えていくことは、かつては軍都広島・軍港呉として栄え、現在は「国際平和文化都市」を自認する広島の責務である。広島県では、現在、被爆遺構や戦後緑豊かに復興した広島の街並みを地元ガイドの案内により自転車で巡る外国人向けツアーが提供されており、広島市は「ピースツーリズム」の推進を掲げ、複数のコースをインターネットで紹介している。このような取り組みをさまざまな言語で発信していくことで、多くの外国人のさらなる訪問につながると思われる。

また国内では、戦時中の広島・呉を舞台とするアニメ映画がヒットした。これにちなんだ、戦争関連のスポットを巡るツアーなども考えられる。

〈参考文献・資料〉
・呉市海事歴史科学館ホームページ（https://yamato-museum.com/ 大和ミュージアムについて／10分の1戦艦「大和」/）
・「Attractive JAPAN」ホームページ
（株式会社地域ブランディング研究所運営、https://attractive-j.com/jpnlist/?c%5B%5D=96&c%5B%5D=64）
・広島市ホームページ

〈脚注〉
43. 広島市ホームページ「原爆と平和に関するQ＆A」（http://www.city.hiroshima.lg.jp/www/contents/1111632890024/index.html）より引用。

第5章　宮島による交流人口の拡大

宮島は、日本三景の一つとして古くから日本を代表する観光地であり、１９９６年には原爆ドームとともに世界遺産に登録された。宮島の来島者数は、ここ10年で2倍近くに増加し、２０１７年は４５６万人に達している。世界遺産である厳島神社は、日本のみならず世界から注目されている文化遺産である。ここでは、宮島による交流人口の拡大について考察する。

なお、余談ながら「あきの宮島」という言葉は、紅葉する秋が最も見頃となるから「秋の宮島」なのではなく、安芸国にあるので「安芸の宮島」である。

第１節　増加する観光客

宮島の来島者数は、世界遺産登録直後の１９９７年に年間３００万人を一時的に超えたも

の の、２００５年頃までは概ね２５０万人程度で推移していた。その後、２００６年頃から右肩上がりの増加が始まり、２０１７年は来島者数で４５６万人を記録した（図５―１）。

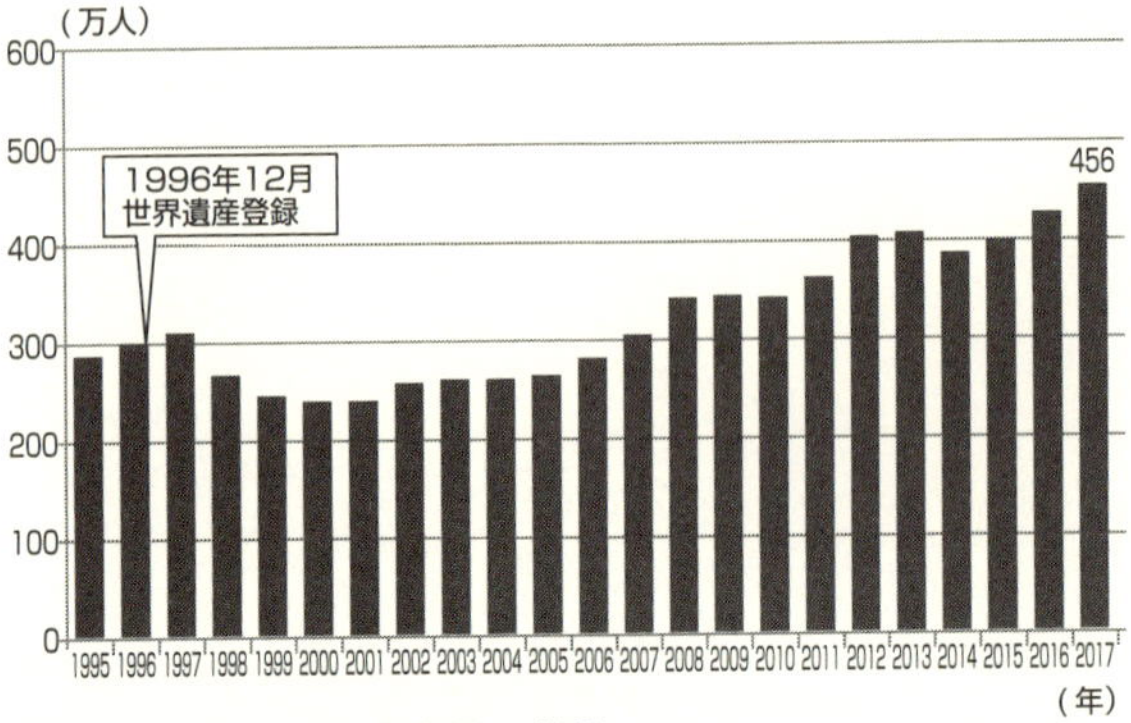

図５－１　宮島の来島者数の推移
出典：廿日市市「宮島来島者数一覧表」より作成

宮島の観光客数がここ10年間で２倍近くに増加した要因としては、①平和公園との相乗効果、②商店街の多様化、③観光客の志向変化、などが挙げられる。

①原爆ドームとの相乗効果

広島県には二つの世界遺産がある。時代も内容も異なる、厳島神社と原爆ドームという二つの世界遺産が１９９６年に登録された。

原爆ドーム・広島平和記念公園と厳島神社(宮島)は、いずれも広島県南西部に位置し直線距離でわずか14㎞である。路面電車、ＪＲ、フェリー等の公共交通機関を乗り継いでも１時間程度で行くことができるため、広島を訪れる観光客は、二つの世界遺産を合わせて訪問することが多い。

　このため、平和記念公園の観光客が増えると宮島の観光客が増える、あるいは、宮島の観光客が増えると平和記念公園の観光客が増えるという相乗効果が生じる。平和記念公園は、２０１６年５月にオバマ大統領が訪れて献花したこともあり、観光客が増加しているが、このことが宮島の観光客増加の要因にもなっている。

　なお、第３章第４節で述べたように、トリップアドバイザーの「外国人に人気の日本の観光スポットランキング２０１８」では、「広島平和記念資料館」が全国2位、「厳島神社」が3位とほぼ同じ順位となっている。これは、両施設を一緒に観光する観光客が多いことも影響している。

②地元商店街の多様化

　宮島町は厳島神社の門前町であり、宮島桟橋から厳島神社にかけて、土産物屋や食事処が軒を並べている。かつては、食堂で牡蠣やあなご飯を食べ、しゃもじやもみじ饅頭をお土産に買って帰るというのが定番であった。しかし最近は、揚げもみじ、牡蠣カレーパン、あなご竹輪、穴子まんなどを買って食べ歩きを楽しむようになっている。また、スターバックスコーヒーが２０１７年11月に表参道商店街に出店するなど、カフェが相次いで開店している。こうした新しいお店が増えたことも観光客の増加に寄与している。

③観光客の志向変化

日本人の昔の観光は、温泉・歓楽街・懐石料理などを目的とした団体旅行が多かったが、最近は自然・歴史・文化、あるいはパワースポットといったものに価値を置く個人旅行が増えているといわれる。

宮島は古代から「神に斎《いつ》く島」であり、典型的なパワースポットである。宮島は歴史と文化と信仰の島であり、多くの自然が手厚く保護されている。弥山《みせん》に登り、夕方になると大鳥居の先に沈む夕陽を御笠浜《みかさはま》から眺めている観光客は多い。島という隔離された環境の中で、弘法大師が開いたとされる弥山や、平安時代に平清盛により創建された厳島神社、こうした自然・文化・歴史を守り続けてきたことが、現在の宮島ブームの根底にあるように思われる。

宮島検定テキスト『宮島本』によると、「太古の人々は、弥山を主峰とした急峻な山塊の島の姿に人知ではかり知れない力、霊威を感じ、島全体を自然崇拝の対象としてきた」[44]とされている。

世界遺産への登録理由としては、「厳島神社は12世紀に時の権力者である平清盛の造営によって現在みられる壮麗な社殿群の基本が形成された。この社殿群の構成は、平安時代の寝殿造りの様式を取り入れた優れた建築景観をなしている。また、海上に立地し、背景の山容と一体となった景観は他に比類がなく、平清盛の卓越した発想によるものであり、彼の業績を示す平安時代の代表的な資産のひとつである」（評価基準ⅰ）[45] などが挙げられている。

宮島の観光客が増加した理由をいくつか取り上げたが、宮島は太古からのパワースポットであり、その魅力は基本的には変わっていない。むしろ、変わらない宮島の自然・歴史・文化的価値を、より多くの人が評価するようになったのではないかと考えている。

もっとも、宮島が変わらないでいることは簡単なことではない。宮島の観光開発は厳しく制限されているため、宮島の一人当たり観光消費額は３８３５円（２０１７年）であり、全国の主要観光地の中でも最も少ない観光地の一つとなっている。

例えば、宮島と類似した観光地である伊勢市の一人当たり観光消費額は、日帰り８２６３円、宿泊３万１３８円、全体で１万３７９円であり、宮島はその３分の１にとどまっている。また、地域の若者は住みにくさから島外に転出する者が多く、少子高齢化が急速に進んでいる。

第２節　開発制限と減少する住民

１．開発行為の制限

宮島は開発行為が厳しく制限されており、新たに旅館・ホテルを建設することは難しい。

宮島の土地の多くは国有地である。島内総面積3039haのうち国有林が2931ha（全体の96・4％）を占め、民有地は108ha（同3・6％）に過ぎない。また、民有地であっても、島内での開発行為には文化財保護法、自然公園法、都市計画法（風致地区）、都市公園法、砂防法、森林法などの法律が関係し、その許可を所管省庁ごとに取る必要がある。仮に許可が出ても、掘れば遺跡が出てくる可能性が高く、遺跡が出れば開発は止まる。結局、島内での新たな開発行為は大変難しい。

2. 人口流出

宮島から若者が流出し、人口減少と高齢化が急速に進んでいる。宮島には多くの観光客が訪れる。日中の商店街は、島外からの通勤従業員を増やすことで対応している。しかしながら、早朝・夜間の対応が必要となる旅館・ホテルの従業員は、島内に居住しなければ対応できないが、宮島に住みたい若者が少ないため、従業員の確保が難しい。若者が島内に住みたがらないのは、生活が不便だからである。

宮島にはコンビニエンスストア、大型小売店、高校、病院などがなく、日常生活の多くを対岸の廿日市市や広島市に頼っている。しかしながら、本土との交通手段であるフェリーは夜10時台が最終で深夜は動かない。

また、宮島全域が、文化財保護法による特別史跡および特別名勝の指定を受けているため、住居の建て替えや改築にも文化庁長官ないし廿日市市教育委員会の許可が必要となる。その範囲は、建物の新築・改築・撤去はもとより、外壁補修や塗り替え、テントやフェンスの設置にまで及ぶ。自宅にアンテナを立てることは原則認められない。看板や幟《のぼり》を立てるにも許可が必要である。許可が要らないのは、外観に変化が生じない内装工事くらいである。

こうした住みにくさから、住民数は年々減少している。戦中・戦後には約５０００人が住んでいたが、戦後は人口減少が続き、世界遺産登録前の１９９６年４月の住民数は２５５０人と半減した。さらに、２０１７年４月には１６５６人にまで減少（21年間の減少率は35・0％）、高齢化率は44・８％に上昇、過疎指定地域である。

宮島と本土の海上距離は、近いところでは約５００ｍである。ここに橋を架ければ、島内での生活の利便性は飛躍的に改善するが、神の島である宮島に橋を架けるという話は聞かれない。

３．島外の経営者や従業員の増加

地元住民が減少している中で、増え続ける観光客に対応しているのは、島外から通っている経営者や従業員である。

宮島桟橋から厳島神社に至る宮島の代表的な商店街である「表参道商店街」で筆者がヒア

リングしたところ、経営者の3割以上が島外在住の経営者となっていた。表参道商店街以外でも、フェリー桟橋周辺や町家通りの新たな店舗、閉鎖されていたホテルを買い取り改装オープンしたホテル、町家や旅館を改装したゲストハウスなど、新しく経営者となった人には島外在住の経営者が多い。

従業員数については、国勢調査および「経済センサス」の各データから筆者が推計したところ、宮島で働いている人数は2200人程度で、ここ20年間ほぼ変わっていないが、島内在住者の従業員が減り、島外からの通勤従業員の割合は1995年の47%から、2015年には62%へと上昇しているとの試算結果となった。

宮島と本土との交通手段は夜10時台で終了する。島外からの通勤従業員は日中の観光客には対応できるが、宿泊を含めた夜間の対応は難しい。このこともあり、宮島の観光客のうち宿泊者の割合は、観光客全体の7・1%にまで低下している。

第3節――伝統文化の観光地としての課題

観光による地域振興というキャッチフレーズを頻繁に聞く。もっとも、観光客が増えると良いことばかりではない。例えば、市町村の財政が良くなるとは限らない。

宮島は、かつて島自体が佐伯郡宮島町という自治体であったが、財政難から２００５年に廿日市市と合併した。その後も宮島地区の財政状況について、眞野廿日市市長は廿日市市議会において「宮島を経営するのに約10億。それで、交付税は約４億。そして、市民税が３億。３億不足しておる」[46]（２０１７年６月16日）と答弁しており、宮島地区は引き続き大きな赤字となっている。

観光客が大幅に増加している宮島地区の財政収支が赤字となっていることには、やや意外な感があるが、市町村の税収の中心は住民税と固定資産税である。宮島のように新しい建物がほとんど建築されず、住民が減少しているような伝統文化地域では、観光客が増加しても地方自治体の税収は増加しない。住民の減少により住民税が減少し、新しい建物が建築できないため固定資産税も増えないのである。

一方、宮島町は人口１６００人の小さな町にもかかわらず、厳島神社などの文化財保護のため消防署が設置されていることなどから、歳出は多い。また、観光客が増えればごみも増え、公衆トイレもつくらなければならない。こうした観光客への行政サービスは、地元自治体である廿日市市の住民サービスとして行われている。

観光による地域振興が多くの自治体で目標となっているが、宮島のような伝統文化の観光地では、観光客増加により逆に財政赤字が増えてしまう。こうした現象は宮島だけではなく、同様に伝統文化の観光地である京都市でも同じ悩みを抱えている。

京都市では財政難を解消するため、市内のほとんどの宿泊施設を対象にした法定外目的税（宿泊税）を2018年10月から導入、年間税収45億円を見込んでいる。宿泊税は地元住民からではなく、外部から来た人に課税し、その税収で観光対策を実施するため、地元住民の理解が得られやすい。

しかしながら、宮島には宿泊施設が少なく、観光客の多くは広島市などに宿泊しているため、宮島地区の宿泊施設を対象とした宿泊税では税収がほとんど増えない。そこで、廿日市市では、「観光地としての質的向上を図るための財源確保策」として、宮島の入島者に対する法定外目的税（入島税）の導入を検討した。宮島には年間456万人（2017年）が主としてフェリーにより入島している。仮に宮島桟橋で一人1回100円ずつの入島税を徴収すれば、年間4・5億円の税収になる。税収不足を埋め、観光対策費も増やせるという目論見《もくろみ》である。

もっとも、実現の目途《めど》は立っていない。最大の理由は、宮島の住民が通勤・通学、あるいは買い物のためにフェリーに乗船した場合も入島税の対象となってしまい、地域住民の納得が得られにくいためである。

宮島は、歴史と文化と自然が保護された神の島であり、パワースポットである。その変わらない魅力にひかれ、日本中、あるいは世界中から観光客が押し寄せている。これからもより多くの観光客に宮島を訪れてもらいたいが、受け入れ態勢は十分であろうか。ごみの回収、トイレの増設、多言語案内板の設置など、観光客の増加とともに必要となる費用は多い。地域住民や地方自治体にもメリットがあるような仕組みにしなければ、地域住民は減少し、地方自治体は観光振興に消極的になりかねない。

観光庁では、「住んでよし、訪れてよしの国づくり」を標榜している。宮島は、ここ10年で観光客数が2倍近くに増加した観光立国日本の優等生であるが、観光客の増加により地域が潤い、財政が改善し、観光客のおもてなしに必要な予算が確保できるような仕組みづくりを、併せて考える必要があることを示しているように思われる。

〈参考文献・資料〉
・廿日市商工会議所テキスト編集委員会『宮島本（宮島検定）第三版』（廿日市商工会議所、２０１４年）
・廿日市市「廿日市市観光振興基本計画」（平成27年1月）
・木本泉『佐伯みちー古代の謎を歩くー』（溪水社、２０１５年）
・宮島観光協会ホームページ（http://www.miyajima.or.jp/）

・廿日市市法定外目的税導入検討委員会「廿日市市法定外目的税導入検討結果報告書」（２０１６年11月）

〈脚注〉

44．廿日市商工会議所テキスト編集委員会『宮島本（宮島検定）』（廿日市商工会議所、２００６年）ｐ14より引用。

45．同右、ｐ９より引用。世界遺産への登録理由として、ここでは評価基準ⅰのみを紹介しているが、このほか評価基準ⅱ・ⅳ・ⅵが挙げられている。

46．廿日市市議会「廿日市市議会会議録」（平成29年第３回廿日市市議会）、ｐ２２６より引用。

第6章　広島神楽による交流人口の拡大

広島は神楽が盛んな土地柄である。秋になると多くの神社で奉納神楽が催される。また、神楽専用ステージを有する「神楽門前湯治村」というテーマパークがある。広島市内中心部の広島県民文化センターでは、毎週水曜日の夜に神楽が定期公演されており、外国人のための神楽公演や海外公演なども行われている。神楽を題材にしたテレビ番組も珍しくない。広島県民にとって、神楽は身近な娯楽となっている。

広島神楽を広島県の観光資源として交流人口の拡大に活用できないか、そのための課題は何かを考察した。

第1節　広島神楽の公演

1．神楽の定期公演

神楽は秋の奉納神楽として地域の神社で行われてきた。しかしながら、広島県では神社の奉納神楽にとどまらず、舞台芸能としての神楽公演が頻繁に行われている。神楽門前湯治村（安芸高田市）、広島県民文化センター（広島市中区）、国民宿舎湯来ロッジ（広島市佐伯区）、道の駅舞ロードＩＣ千代田（北広島町）では定期公演が行われており、その合計は年間約２３０回にも及んでいる（表６―１）。

（1）神楽門前湯治村（安芸高田市）

「神楽門前湯治村」は１９９８年に安芸高田市北部の美土里町に建設された神楽専用ホールを有するリゾート施設であり、年間10万人以上の観光客を集めている。天然温泉、格子造りの旅籠、お土産屋、お食事処や茶屋などが軒を連ねる、昔懐かしい場所である。神楽専用ホールとしては、約１５００人収容の神楽ドームと１３５名収容のかむくら座がある。安芸高田市内の22神楽団によって、年間１５０回以上の神楽公演が行われている。

表６－１　広島県内の神楽の定期公演

施設名	年間公演回数（公演曜日）	場所	客席数	入場料
神楽門前湯治村（神楽ドーム・かむくら座）	150回以上（主に、土日）	安芸高田市	最大1650人（2会場、立ち見含む）	2公演700円 1公演500円
広島県民文化センター（多目的ホール）	約40回（水曜日）	広島市中区	530席（椅子席）	1200円
国民宿舎湯来ロッジ（2階多目的ホール）	24回（第2、4日曜）	広島市佐伯区	約300席（ござ席）	500円
道の駅舞ロードＩＣ千代田	12回（日曜、月1回）	北広島町	約150人（椅子席、立ち見含む）	道の駅のレシートで無料
合計	約230回			

出典：各施設のホームページ等より作成（2019年３月現在）

（2）広島県民文化センター

広島市の中心部にある広島県民文化センター（広島市中区大手町）では、２０１４年度より4月から12月の毎週水曜日に「広島神楽定期公演」を開催している。19時開演、20時45分終了。その後、交流記念撮影会などが行われる。新しい文化的な夜のにぎわいを広島市中心部から発信し、広島県民だけでなく国内外の観光客に広島神楽の魅力を伝えることを目的としている。

２０１７年度は県内37神楽団が39回の公演を実施、来場者数は１万３３５２人、うち外国人は１７１６人となっている。

（3）国民宿舎湯来ロッジ

広島の奥座敷、温泉の街である広島市佐伯区湯来町にある広島市国民宿舎「湯来ロッジ」において、隔週日曜日に広島市内の神楽団による神楽定期公演が開催されている。湯来温泉に浸かった後、観客は桟敷席でお酒を楽しみながら鑑賞する。その周りで走り回っていた子供たちも、神楽が盛り上がってくると神楽に魅入られて観賞する。

(4) 道の駅舞ロードIC千代田

中国自動車道の千代田ICを出たところに道の駅「舞ロード」がある。その中のレストラン「響」を貸し切って月1回、神楽定期公演が行われる。道の駅「舞ロード」のレシートがあれば無料で観賞することができる。

2. 神楽競演・共演大会

神楽競演・共演大会は、各地の有力神楽団が集まり演技を競うコンテストであり、得点により優勝団体を決めるのが競演大会、得点をつけないのが共演大会である。

県内各地で年間10数回開催される神楽競演・共演大会には、広島県内外から有力神楽団が集結、終日かけて十数団体が演技する。神楽競演・共演大会に出演し競うことにより、伝統を守るだけではない、観客に喜ばれる神楽が生まれている。地域の体育館などが会場の場合は、屋台が並んで地域の人が集まり、祭りの雰囲気を醸し出す(表6―2)。

表6－2　広島県の主な神楽競演・共演大会

大会名	開催月	開催場所（2018年度）
中国地方選抜神楽競演大会	6月	安芸太田町・戸河内ふれあいセンター
芸石神楽競演大会	10月	北広島町・総合体育館
広島県神楽競演大会	10月	広島市・サンプラザ
ひろしま神楽グランプリ	11月	安芸高田市・神楽ドーム

3．神楽甲子園

全国の高校の神楽団が集う、通称「高校生の神楽甲子園」が毎年、神楽門前湯治村の神楽ドームで開催される。第7回大会（２０１７年7月29日～30日）では、岩手、静岡、富山、島根、宮崎、広島の16校が参加し、クラブ活動として練習している各地方の神楽を演舞した。

4．東京公演・海外公演

東京公演は、「ひろしま安芸高田神楽」の魅力を全国に広める一環として、２０１２年から毎年行われている。

海外公演も毎年のように行われている。最近では、２０１７年9月から10月にかけてフランスで開催された「フランスファッションウィーク」（通称パリコレ）において、ファッションブランド「ＫＥＮＺＯ」からの出演依頼により、Le Trianon 劇場において広島神楽とファッションショーのコラボが実現した。

第2節　広島神楽の魅力

1．神楽とは何か

「神楽」は日本の代表的な民俗芸能であり、全国各地に様々な神楽が存在している。広島県の観光ホームページ「広島観光ナビ」では、神楽について、以下のように紹介している。

現在も日本各地で受け継がれる伝統芸能「神楽」。その発祥にはさまざまな説がありますが、神座に神様を迎え、その前で行われる鎮魂・五穀豊穣・厄災の払拭、豊作への御礼のための歌舞を「神楽」と呼ぶようになったと言われています。広島の神楽も、村々の年中行事の社祭礼の奉納行事として定着してきました[47]。

2．広島の神楽団

広島に神楽団がいくつあるのか正確には分からないが、三村泰臣は、広島県の神楽を5つの類型に分け、それぞれの保存団体数と地域を示している（表6－3）[48]。

このうち、現在の広島県において最も活動が盛んな神楽は「芸北神楽」であり、県内神楽団の半分以上が芸北神楽である。以下では、広島県の神楽のうち人気の高い「芸北神楽」を中心に解説する（以下、広島神楽という場合、主に芸北神楽を指している）。

表6－3　広島県の神楽の分類

類型	保存団体数	地域
芸北神楽	123	安芸北部(北広島町、安芸高田市、三次市、安芸太田町など)
安芸十二神祇	25	安芸南部(広島市、廿日市市、大竹市など)
芸予諸島の神楽	約30	瀬戸内海(呉市、尾道市など)
比婆荒神神楽	3	備後北部(庄原市)
備後神楽	35	備後(府中市、世羅町、東広島市、三次市など)
合計	216	

出典：三村泰臣『広島県の神楽探訪』（南々社、2004年）より作成。市町村名は現在の市町村名に筆者が変更

まず広島神楽の特徴は、1着100万円以上といわれる金糸・銀糸の眩《まばゆ》いほどの華やかな衣装を使うこと、大きな仮面や大蛇を使用すること、火炎を吹くなど激しい舞と奏楽をすることといった、旧来の神楽では受け入れられないような派手な演出により、多くの人々を神楽の世界に引き付けている。広島神楽は、伝統を重んじる神楽ではなく、舞台芸能の色彩を帯びた神楽である。広島神楽が現在のような神楽に変化したきっかけとして三つの出来事があるといわれている。

第一の変化点は、戦後の新しい演目の創作である。戦後、神道色の強い神楽には進駐軍から上演許可が与えられないといわれたため、1947～48年頃、美土里町（現・安芸高田市）在住で広島県高田郡北生中学校校長だった佐々木順三（1908～2006）は、従来の記紀神話に結び付く「神国思想」色の濃い神楽ではなく、物語性を前面に出した新しい神楽を創作した。20曲を超える佐々木の創作神楽は今でも各神楽団によって舞い継がれ、人々に親しまれている。佐々木が創作した神楽は「新舞」、それ以前の神楽は「旧舞」と分けられている。

第二の変化点は、1993年に北広島町の中川戸神楽団が始めた「スーパー神楽」である。農村の娯楽として長年親しまれてきた神楽だが、1990年代に入ると過疎化、高齢化、農業の衰退が進み、神楽団を維持するのが難しい状況に陥った。神楽をより魅力あるものに変える方法として、舞手の派手な衣装や、大蛇の首が吹き飛んだり、鬼の口から花火を吹いたり、面や衣装が早変わりしたりする演出、天蓋《てんがい》を外した舞台で照明や音響を駆使した「魅せる神楽」が広島市内のホールで上演された。当初は伝統芸能を崩すものとして周囲から猛反発を招いたが、いつしか「スーパー神楽」といわれるブームとなった。

第三の変化点は、1998年に安芸高田市に建設された「神楽門前湯治村」という神楽専用ホールを有する施設の誕生である。常設ホールの誕生により、神楽が定期的に上演されるようになり、神楽団の活動が活発化した。1500人収容の神楽ドームやかむくら座では、週末を中心に年間150回以上の神楽定期公演が市内22神楽団によって開催されている。

広島神楽は、伝統的な神楽ではなく、時代とともに変化してきた神楽である。このため、伝統芸能としての評価は高くない。文部科学省は全国35の神楽を重要無形民俗文化財に指定しているが、広島県内の神楽で指定されているのは「比婆荒神神楽《ひばこうじんかぐら》」だけであり、広島神楽と称されている芸北神楽で指定を受けているものはない。

広島神楽の神楽団にとっても、秋祭りでの氏神様への奉納神楽が最も重要な行事であることに変わりないが、出張公演や神楽競演大会での神楽は、常に新しい要素を取り入れながら人気を競う、舞台芸能の色彩を帯びている。そして、子供を含めた多くの人が「一目見て面白い」と思えるのが広島神楽の魅力となっている。

第３節　広島の神楽団の特徴

広島県内には２００以上の神楽団があるといわれている。プロの神楽団員はいないが、年間数十回の公演を行い、そのための練習を頻繁に行っている神楽団も少なくない。神楽団がどのように運営されているかを確認した。

1．神楽団の人員構成（男女別、年齢別）

NPO法人広島神楽芸術研究所の２００６年の調査[49]によれば、神楽団の平均人数は21・3人、最大で60人、最小で９人。男女比では男性が86％、女性が12％となっている。年代別では、10代16・０％、20代19・０％、30代18・８％、40代16・２％、50代17・５％、その他2・7％となっており、若い人だけではなく、幅広い年代で支えられている。

2．1年間の公演回数と1週間の練習日数

神楽団の年間公演回数は平均12・７回、最大で35回、最小で1回である。年間出演回数が5回未満の団体が35・５％あるが、10回以上が39・０％、20回以上が15・３％と過半数の神楽団が年間10回以上の公演を行っている。

また、広島神楽芸術研究所の２０１３年の調査[50]によると、1週間の練習日数は、週2回が33％、週3回以上が26％、週1、2回や週1回を含めると8割以上の神楽団が毎週練習している。もはや趣味のレベルではない。

3．神楽団の収支

広島の神楽団の主な収入源は、出張公演による報酬と氏子からの寄付である。プロの団員

はおらず、公演による報酬等は全て神楽団に帰属する。

高崎義幸は、２００５年に57神楽団を対象とした聞き取り調査を行った[51]。これによると、年間予算については、３００万円以下が20団体、３００万円～４００万円が20団体、４００万円～５００万円が10団体、５００万円以上が7団体であった。

主な支出は、交通費、幕や衣装・小道具などの修繕費、公演先での食事代などで、主な収入は氏子神社での奉納時における御花代、頼まれ奉納、氏子からの寄付、その他各種大会やイベントの出演料となっていた。支出の約7割が交通費や食事代だが、新たな演目に取り組むためには、衣装を新調する必要があり、５００万円くらいかかる。また幕などの更新も必要である。そのようなときは、氏子に寄付を募ったり、幕に広告を入れてもらったり、プールしていた資金を使ったりするのが一般的だという。

第４節　神楽による外国人観光客の拡大可能性

1．神楽の観客数

神楽公演の観客数に関する全県データがないため、神楽の観客数の増減は正確には分からないが、関係者の見方としては、県北まで神楽を見に来る観客は減っているが、広島市中心部での公演に来る観客は増えているようである。

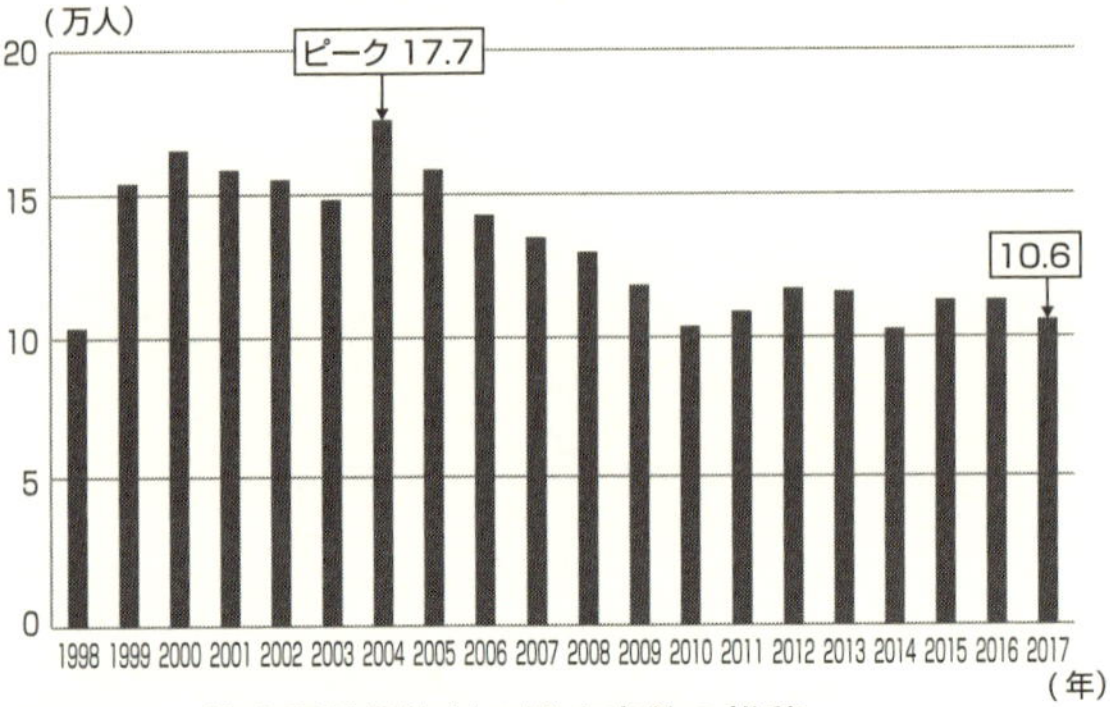

図６－１　神楽門前湯治村の観光客数の推移
出典：広島県「観光客数の動向」より作成

まず、県北で開催されている神楽競演・共演大会の観客数は減少している。県北の神楽大会には、地域の住民に加え、県北から広島市などに転出した県北に地縁のある人が見に来ていたが、そのいずれもが減少し、開催中止に追い込まれる大会が出ている。また、神楽門前湯治村の入場者数も開設当時に比べると減少している。

県北にある神楽門前湯治村は、ピーク時には年間17万人の観光客が訪れていたが、最近は年間11万人程度となっている（図6―1）。

その一方、広島市への出張公演は多い。神楽は、かつては地域に根差したものであったが、舞台芸能化が進む中、地域に所縁のない人や外国人観光客が増えている。こうした観客は、県北までは見に行かないが、広島市内で見る人は増えている。

広島市の中心部にある広島県民文化センター（広島市中区大手町）で開催されている神楽定期公演の観客数は、毎年着実に増加している（表６―４）。なお、２０１７年度の観客数のうち外国人は１７１６人で、２０１６年度より１９２人増加した。

表６－４　広島県民文化センター「広島神楽」定期公演の観客の推移

	2014年度	2015年度	2016年度	2017年度
観客数	12,027人	12,094人	12,949人	13,352人

出典：広島県文化芸術課提供資料より作成

２．広島県による訪日外国人観光客向け公演

広島県では、広島神楽を外国人観光客向けの新たな観光資源として活用する試みが行われている。

広島県は、外国人観光客は着実に増加しているものの、宿泊割合が低く一人当たり観光消費額が伸び悩んでいることが課題と考えている。この背景として、広島県には、原爆ドームと厳島神社という二つの世界遺産があるが、いずれも昼間の観光地であり、夜の観光資源・魅力が乏しいことが挙げられる。昼は広島で観光しても、夜は大阪や福岡に移動してしまうのである。

今後、広島県の観光消費額を拡大していくためには、外国人観光客

にとって魅力的な夜の観光資源が必要である。また、広島県の外国人観光客は、日本文化に関心の高い欧米豪からの観光客が多いという特徴がある。

こうした点を踏まえ、広島県観光課では、広島神楽を、外国人観光客をターゲットにした広島の夜の新たな観光資源にできないかと考え、2017年度に「外国人観光客向け夜神楽公演～ An Evening of Kagura」を広島県立美術館地下講堂にて計4回開催した。観客は外国人およびその同伴者に限定。多言語対応として、神楽のあらすじ、口上を英語に翻訳し、来場者へ配布。通訳の配置を行い、質問コーナーの補助等を行った。本番時の神楽の口上は英語のテロップでスクリーンに投影等が行われた。観客の評判は非常に良かった。

そこで、2018年度は公演回数を大幅に増やし年間40公演を予定している。まだまだ外国人観光客に情報が行き届いていないことなどから観客数はそれほど多くはないものの、2018年度公演も観客の反応は非常に良く、公演後の質問コーナーや衣装の体験コーナーにも多くの観客が参加している。

公演後に実施している外国人アンケート調査によれば、神楽を初めて見た人が88%を占めている。公演の感想・意見は「神楽を初めて見たが大好きになった」「神楽が継承されていることに感謝したい」「英語の翻訳、内容がすばらしい」「外国人向けにとても丁寧な公演だった」といった感想・意見が寄せられている。また、広島県民文化センターで毎週水曜日に行われている神楽の定期公演も見たいという人が79％を占めた。

広島県観光課では、旅行会社への事前ＰＲの充実やＳＮＳでの発信を強化しながら、２０１９年度も継続することを検討している。広島神楽が外国人向けの新しい観光資源となることを期待したい。

さらに、神楽以外の伝統文化も、外国人観光客を呼び込むために有効である。例えば、書道や茶道、着物の着付け体験などを宮島で体験できる外国人向けのプログラムが開発されており、熊野町では筆の製作体験もできる。第４章で述べた、ピースツーリズムの推進と併せて、こうした観光プログラムを県内各地で充実させていけば、旅行者の長期滞在・広域周遊につながり、宿泊客や観光消費額の増加に寄与すると考えられる。

〈参考文献・資料〉
・三村泰臣『広島の神楽探訪』（南々社、２００４年）
・石井誠二『広島神楽日本を舞う　神楽旅』（ＮＰＯ法人広島神楽芸術研究所、２０１８年）
・ＮＰＯ法人広島神楽芸術研究所ホームページ　（www.npo-hiroshima.jp）
・神楽門前湯治村ホームページ（www.kaguramonzentoujimura.com）
・広島市国民宿舎湯来ロッジホームページ（http://yuki-lodge.jp）
・広島県ホームページ（https://www.pref.hiroshima.lg.jp/）

・道の駅舞ロードIC千代田ホームページ（http://www.kitahiro-ichiba.com/index.html）
・ＲＥＳＡＳ（地域経済分析システム）（http://resas.go.jp）
・高崎義幸「広島神楽の伝承過程と興隆に関する社会学的研究」『広島修大論集』53巻１号、２０１２年、ｐ２７０より
・「Attractive JAPAN」ホームページ
（株式会社地域ブランディング研究所運営、https://attractive-j.com/jpnlist/?c%5B%5D=96&c%5B%5D=64）

〈脚注〉

47. 「ひろしま観光ナビ」（https://www.hiroshima-kankou.com/feature/kagura/top）より引用。
48. 三村泰臣『広島の神楽探訪』（南々社、２００４年）ｐ24
49. 「ＮＰＯ法人広島神楽芸術研究所」が２００６年に行った調査結果のうち、安芸・芸北地域の神楽団（１０４団体）に関する調査結果（ＮＰＯ広島神楽芸術研究所「第４回マイクロソフトＮＰＯ支援プログラム神楽活動団体調査報告書（広島・島根）」、２００６年）より。
50. 「ＮＰＯ法人広島神楽芸術研究所」が２０１３年に北広島町の神楽団46団体を対象に行った調査結果（北広島町「北広島町神楽振興計画」、２０１５年）より
51. 高崎義幸「広島神楽の伝承過程と興隆に関する社会学的研究」『広島修大論集』53巻１号、２０１２年、ｐ２７０より

第７章　ライブ公演による交流人口の拡大

広島県出身のミュージシャンや歌手は多い。吉田拓郎、浜田省吾、矢沢永吉、世良公則、吉川晃司、奥田民生、ユニコーン、ポルノグラフィティ、Perfume、西城秀樹、城みちる、高橋真梨子、島谷ひとみ、ＪＵＪＵなど、多くのミュージシャンが活躍している。

しかし、広島でのライブはあまり多くない。大規模なライブ・コンサートは、大阪の次は福岡で行われることが多く、広島は飛ばされることが少なくない。本章では、現代の音楽産業におけるライブの重要性を確認したうえで、広島のライブ・コンサート市場の課題を考察する。

第１節　現在の音楽産業

日本の音楽産業（ＣＤ等の音楽ソフト生産額やライブの売上高）の市場規模は約

6000億円である。2007年の5707億円からリーマンショック後の2010年には4976億円まで落ち込んだが、その後は持ち直して2017年は6218億円になっている（図7—1）。

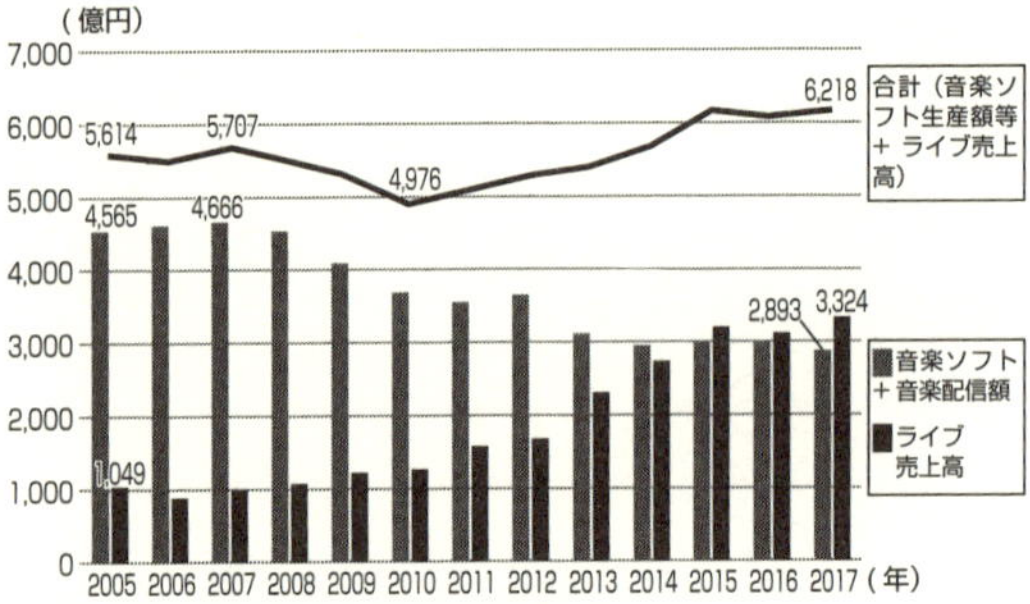

図7—1　日本の音楽市場の動向
出典：ライブ売上高はコンサートプロモーターズ協会調べ、音楽ソフト生産額は日本レコード協会調べより作成

この間、音楽産業の動向は大きく変化している。

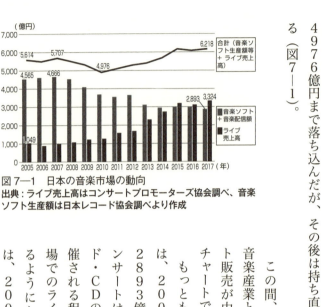

音楽産業といえば、昔はレコードやCDなどのソフト販売が中心であり、何万枚売れたとか、オリコンチャートで何位かなどが話題の中心であった。

もっとも、CDアルバムなどの音楽ソフト生産額は、2007年の4666億円から2017年には2893億円まで減少している。一方、ライブ・コンサートは、1990年代までは、主としてレコード・CDの販促手段として新曲の発売に合わせて開催される程度であったが、年を追うごとに大きな会場でのライブや夏フェスなど多様な形態で開催されるようになり、ライブ・コンサート市場の売上高は、2005年の1049億円から2017年には

３３２４億円と３倍以上に増加している。現代における音楽産業の中心は、ＣＤ等のソフト販売からライブ・コンサートの売上高に移っている。

全国のライブの公演回数と入場者数は２０１５年まで増加を続けた。その後、２０１６年・２０１７年は入場者数が伸び悩んでいるが、これはライブ人気に陰りが出たのではなく、大規模なライブが行える会場がこれ以上確保できないという会場不足問題が影響している（図７―２）。見方を変えれば、ライブ会場が不足するほどライブ人気は好調であり、人気アーティストのライブチケットを巡る争奪戦は凄《すさ》まじい。

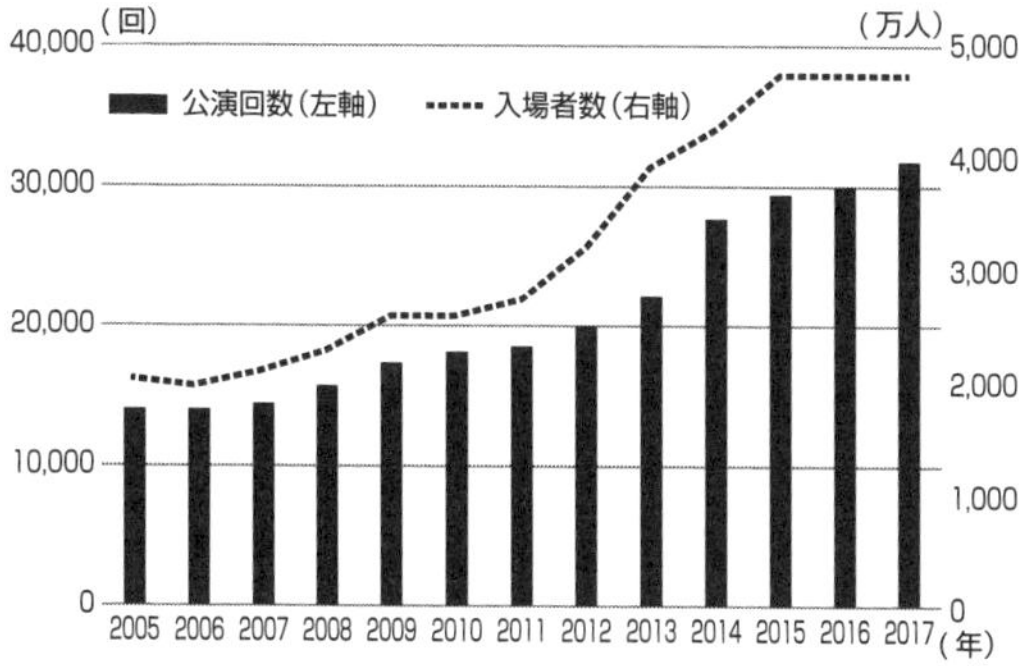

図７－２　全国のライブ公演回数と入場者数の推移
出典：コンサートプロモーターズ協会「ライブ市場調査」より作成

ライブの公演会場としては、規模の大きいものから、スタジアム・アリーナ（２０１７年の平均観客数１万１６６１人）、野外（同４９９８人）、ホール（同１４６３人）、ライブハウス（同３４６人）[52]がある。２０１７年のライブ観客数は４７７９万人だが、このうち最も規模の大きいスタジアム・アリーナの観客数が1967万人で全体の41％を占めている。

こうした大規模ライブは、ジャニーズなどの人気アイドルグループや海外アーティストが行っているが、全国から観客が集まり、宿泊費などを通じた地域経済への波及効果は大きい。今後の都市は、こうした交流人口を拡大させる仕掛けができる都市とそうでない都市に分かれていくと思われる。

第2節　広島のライブ産業と会場不足問題

広島県のライブ公演数を3大都市圏の東京都、大阪府、愛知県や4大地方中枢都市のある北海道、宮城県、福岡県の7都道府県で比較したところ、2017年の公演数は広島県が最も少なく、2003年から2017年までの増加率も他の都市に比べ低い（表7―1）。その理由について、業界関係者によれば、①大阪や福岡に比べて人口や市場規模が小さい、②他府県から広島への移動に時間がかかる、③大規模ライブ会場が不足している、などが指摘されている。

広島県内の主なライブ会場としては、大規模会場ではエディオンスタジアム広島（収容人数約3万人）、広島グリーンアリーナ（同約7000人）、広島サンプラザホール（同約

表7－1　ライブの公演数と増減率

	2003年	2010年	2017年	増加率 2017/2003
東京都	3,391	5,344	9,536	2.8倍
大阪府	2,727	2,963	5,030	1.8倍
愛知県	919	1,457	2,291	2.5倍
福岡県	604	792	1,524	2.5倍
宮城県	564	705	1,296	2.3倍
北海道	533	389	1,318	2.5倍
広島県	413	431	770	1.9倍
全　国	13,044	18,112	31,674	2.4倍

出典：コンサートプロモーターズ協会「ライブ市場調査」より作成

4000人）がある。中規模会場では、広島文化学園HBGホール（同2001人）、上野学園ホール（同1730人）・JMSアステールプラザ（同1200人）などがある。小規模会場では、広島セカンド・クラッチ（同270人）・Hiroshima CAVE BE（同230人）・Live Juke（同100人）などがある。

全国公演を行うアーティストは、ライブハウス（小規模会場）⇒ホール（中規模会場）⇒スタジアム・アリーナ（大規模会場）へとステップアップしていく。広島では、ライブハウスやホールの確保は比較的容易であるが、大規模会場であるスタジアムやアリーナの確保が難しい。広島県で大規模ライブが行える会場としては、マツダスタジアム、エディオンスタジアム広島、広島グリーンアリーナの3施設に限られるが、いずれも制約がある。

1．マツダスタジアム

広島カープの本拠地マツダスタジアムでのライブとしては、２０１５年に広島県出身のアーティストである奥田民生がライブを1回行った記録があるにとどまる。同スタジアムのグラウンドの利用案内は以下のように記載されており、そもそも野球以外の営利目的での使用が想定されていない。すなわち、「1．野球又はソフトボールの試合に限りグラウンドを利用することができます。2．良好なグラウンドコンディションを維持するため、使用許可時間内において、1日最大2試合かつ5時間以内（準備、清掃、撤収時間を含む）で使用してください。」となっている。

2．エディオンスタジアム広島

同スタジアムでライブを行うことは可能だが、これまでにライブを行ったアーティストは数グループしかない。現在の同スタジアムでライブを開催するにはいくつか問題点がある。まず、同スタジアムはサンフレッチェ広島の試合で使われているが、それ以外の日でも陸上競技場として使用されているため空いている日が少ない。次に、公共交通機関でのアクセスに時間がかかる。バスや自家用車で来ると渋滞に巻き込まれるため、ライブ終了後もなかなか帰ることができない。さらに、客席の大部分に屋根がない。

3. 広島グリーンアリーナ

広島グリーンアリーナは、広島市内中心部の中区基町にある広島総合体育館の大アリーナの愛称である。広島県が所有し、財団法人広島県教育事業団が指定管理者として運営管理している。中四国地方で1万人前後の観客を収容できる屋内ライブ会場は同アリーナしかない。㈱キャンディープロモーション、㈱ユニオン音楽事務所、㈱夢番地の音楽業界3社が共同提出した文書によれば、同アリーナでは有料興行に対する日数制限がかけられているため、２０１７年度は「7公演・動員約９万人」が開催できず、「経済効果約３億円」を失ったという。また同アリーナの有料興行の施設利用料は、平日で1日約１９２万円とアマチュアスポーツの約25倍であり[53]、アリーナ側からみても貴重な収入源となるはずだと主張している。

また、広島県の平成28年度の包括外部監査では、広島県立総合体育館（広島グリーンアリーナ）は「中四国地方で唯一1万人前後を集めることのできる屋内コンサートの会場として利用できるのであるが、（中略）有料興業の日数を『10％未満』に制限している。これにより貴重な収入を逃している（中略）。施設を取り巻く環境や県の財政状況は大きく変化しているので、当然アマチュアスポーツ等これまでの利用者を制限することになってはならないが、包括的に有効な使用方法を検討すべきと考える」との提言がなされている[54]。これに対し、湯崎知事は２０１７年3月21日の定例記者会見で、同アリーナの現在の使用状況はほぼフル稼働となっており、有料興行の割合を増やすことは難しいという旨の発言をしている[55]。

全国的にライブ・コンサート市場は拡大しているが、広島県では、大規模ライブ会場の不足から大きな市場を逃している。広島市中心部に、ライブなどの有料興行が可能な新しい施設が必要であると思われる。

〈参考文献・資料〉
・中国電力株式会社エネルギア総合研究所「スポーツによる地域活性化―中国地域経済効果白書2013」中国地方総合研究所発行
・一般社団法人コンサートプロモーターズ協会：（ACPC）ホームページ（http://www.acpc.or.jp）
・マツダスタジアム公式ホームページ（http://www.mazdastadium.jp/）

〈脚注〉
52．一般社団法人コンサートプロモーターズ協会（ACPC）「ライブ市場調査」の数値より。
53．広島グリーンアリーナの利用料金について、文中の「25倍」は「アマチュアスポーツ・入場料無料」の場合で比較・算出した数値であり、同条件の「入場料有料」の場合は「3倍」が正当である。
54．引用部分は広島県包括外監査人　和泉年昭「平成28年度包括外部監査報告書　県有施設の運営及び維持管理について」p184～185より。
55．広島県ホームページ「知事記者会見の一覧　知事記者会見（平成29年3月21日）」（https://www.pref.hiroshima.lg.jp/site/kishakaiken/kaiken290321.html）を参照。

第８章　スポーツによる交流人口の拡大

第１節　スポーツ王国広島

表８－１　スポーツ観戦の市民一人当たり支出額（県庁所在地別）

	都市	金額（円）
1位	広島市	1,309
2位	山口市	847
3位	新潟市	744
4位	さいたま市	719
5位	福岡市	644

出典：総務省統計局「家計調査」（平成28年）より作成

広島県民はスポーツ好きといわれている。スポーツ観戦に使う金額を全国の県庁所在地で比較すると、広島市は２位以下を大きく引き離して最も多い（表８－１）。広島県民がスポーツ好きとなった背景として、次のような歴史が影響しているのではないだろうか。

第一は、海外移民の影響である。明治初めに多くの日本人が海外に移住したが、その中でも広島県からは、全国で最も多くの人が海外に移住した。最初にハワイ、次に米国、その後は南米へと広がったが、移住してから数年後に広島に戻ってきた人も多かった。米国から戻った移民は、米国のスポーツである野球を広島に伝えた可能性がある。戦前から広島商業高校と広陵高校は全国屈指の強豪校であり、1924年に開催された最初の甲子園大会では広島商業高校が優勝している。

第二は、軍隊の影響である。広島は、軍都広島・軍港呉に象徴される軍事県である。日本サッカーは、1873年、東京・築地の海軍兵学寮に赴任した英国海軍教官団のA・L・ダグラス少佐に率いられた英国海軍兵が、日本海軍兵に余暇として教えたことが始まりであるといわれている。この築地の海軍兵学寮は、1888年に広島県の江田島に移転して海軍兵学校となり、サッカーも広島に持ち込まれたと思われる。また、海軍ではサッカーが盛んであったため、呉市にあった日本最大の呉海軍工廠のサッカーチームは強かったといわれている。1924年に開催された第1回明治神宮競技大会では、広島のサッカークラブである広島一中鯉城クラブが全国優勝している。

第三は、戦後の娯楽不足である。戦後、広島市は原爆により、呉市や福山市は数度の空襲により、多くの娯楽場や伝統文化が衰退した。それだけに、新しい文化・娯楽であるスポーツに対する県民の愛着が強かったと思われる。

このように、広島のスポーツ、特に野球とサッカーは戦前から全国屈指の強豪であった。

現在も広島県はスポーツ王国である。広島東洋カープ（プロ野球）、サンフレッチェ広島（プロサッカー）、広島ドラゴンフライズ（プロバスケットボール）のプロ3チームのほか、バレーボール、バドミントン、ハンドボール、ソフトテニス、ホッケー、陸上などの実業団チームがあり、各分野で高い競技レベルを有している（表8－2）。

この章では、こうしたスポーツによる交流人口の拡大という観点から、特に集客力の高い広島カープとサンフレッチェ広島を考えていく。

表8－2　主なな広島県のスポーツチーム

	クラブ名	種目 / 性別	所属リーグ
プロ	広島東洋カープ	野球 / 男子	セントラル・リーグ
	サンフレッチェ広島	サッカー / 男子	J リーグ
	広島ドラゴンフライズ	バスケットボール / 男子	B リーグ 2 部西地区
実業団	JT サンダーズ	バレーボール / 男子	V・プレミアリーグ
	ワクナガレオリック	ハンドボール / 男子	日本ハンドボールリーグ
	広島メイプルレッズ	ハンドボール / 女子	日本ハンドボールリーグ
	広島ガスバドミントン部	バドミントン / 女子	バドミントン日本リーグ 1 部
	NTT 西日本ソフトテニス部	ソフトテニス / 男子	ソフトテニス日本リーグ
	中国電力陸上競技部	陸上競技 / 男子	37 チーム
	コカ・コーラレッドスパークス	ホッケー / 女子	ホッケー日本リーグ

出典：各クラブのホームページより作成

第2節　広島カープ

広島カープの正式名称は「広島東洋カープ」である。広島駅近くの「マツダスタジアム」を本拠地とし、セントラル・リーグに所属しているプロ野球チームである。広島カープのチーム創設は戦後間もない1950年であるが、初優勝は球団創設26年目の1975年まで待たなければならなかった。初優勝するまでにAクラス（3位以内）となったのは1968年の3位の1回だけであり、それ以外の24年間はBクラスを低迷した弱小チームであった。もっとも、1965年のドラフト制度の開始から徐々に優秀な選手が集まり、戦力が上向いた。

さらに、優勝した1975年には山陽新幹線が広島に開通したことで、選手の移動負担が軽減された。1975年のカープ初優勝から第1次黄金期が始まり、1991年までに6回のリーグ優勝を果たしている。しかし、1993年に始まったFA制度により、カープの主力選手は相次いで他球団に引き抜かれ、弱小チームに戻ってしまった。

貧乏球団でFA制度により優秀選手を引き抜かれたことで弱くなった広島カープであるが、2009年にマツダスタジアムが完成したことで観客数が増えた。観客数は、FA制度開始（1993年）からマツダスタジアムへ移転（2009年）するまでは年間100万人程度であったが、新スタジアムができた翌年の2010年から2012年の平均観客数[56]は、チーム成績がBクラスであったにもかかわらず、159万人に増えた。

年間100万人程度から159万人への増加は、新しいスタジアムの効果が大きいと思われる。2013年以降はチーム成績が上昇し、Aクラスが多くなると、「カープ女子」が流行語となった。

さらに2015年、大リーグ・ヤンキースの黒田投手が広島カープに復帰してカープ人気はさらに過熱し、優勝した２０１６年からは球場はほぼ満杯状態の２００万人以上となっている（図８―１）。

広島カープが強くなった理由はいくつかあると思われるが、新球場への移転により入場者

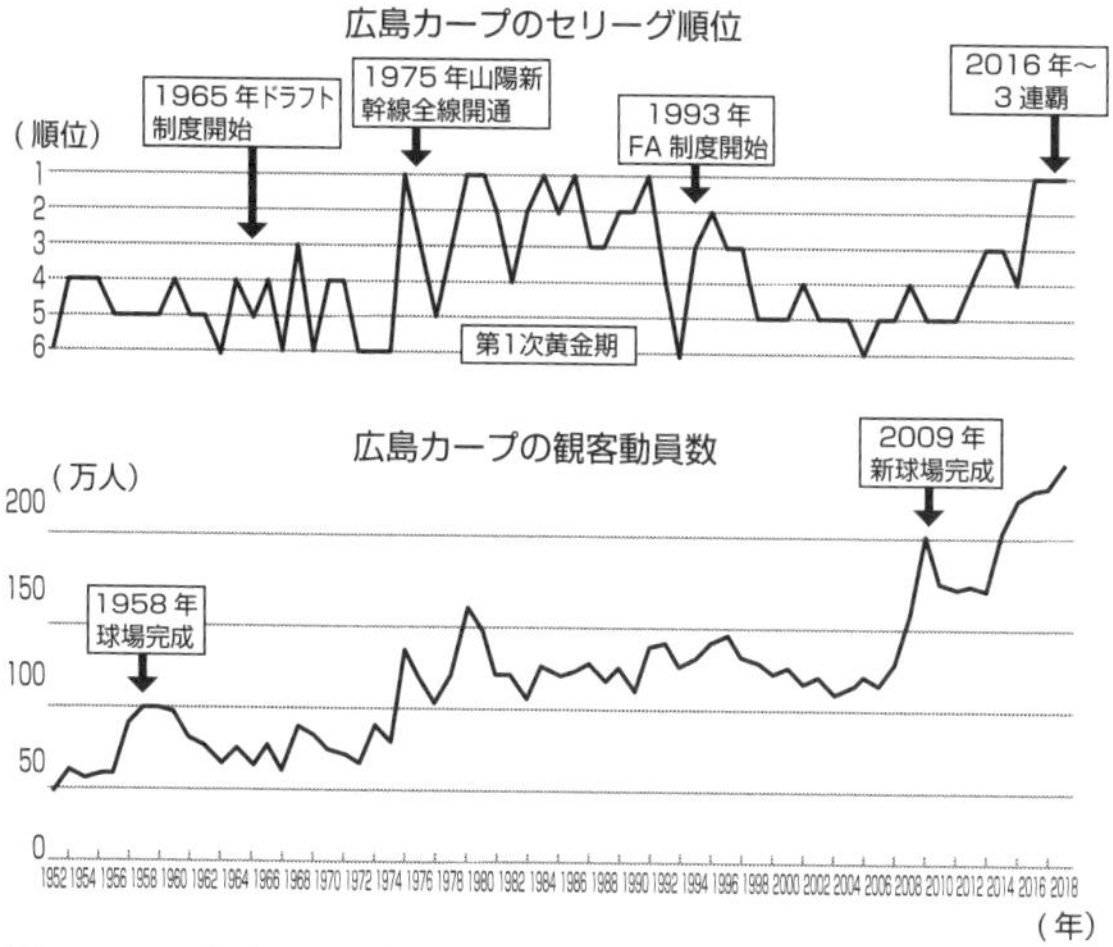

図８－１　広島カープのセリーグ順位と観客動員数
出典：日本野球機構「セントラル・リーグ年度別入場者数」より作成

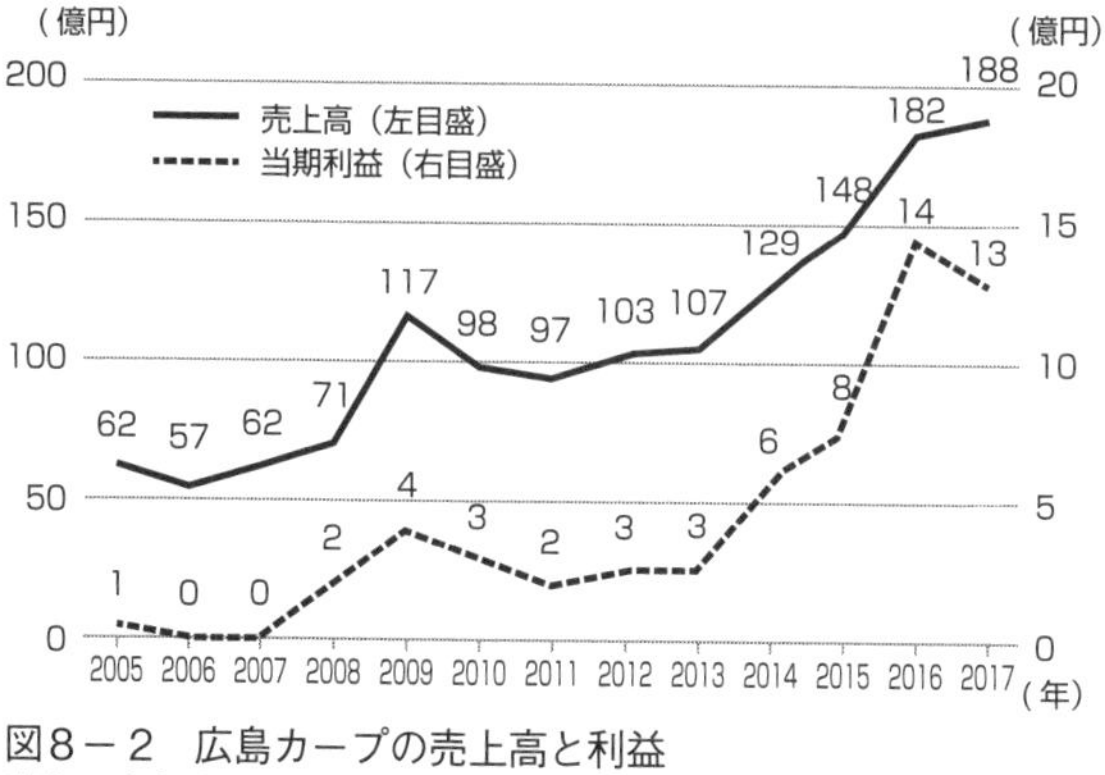

図８－２　広島カープの売上高と利益
出典：広島市都市整備局「広島市民球場運営協議会資料」より作成

数が増加、球団の売上高・利益が増加し経営体力が強まったことは大きい（図8―2）。その結果、黒田投手の獲得やジョンソン投手の複数年契約など高額年俸の選手を抱え優勝争いができるようになり、さらに観客が増加するという好循環が生まれている。

黒田投手は大リーグでの年俸20億円（推定）を断り、広島カープに年俸4億円（推定）で移籍したといわれている。旧広島市民球場の時代の広島カープの当期利益は0～2億円であり、仮にその当時であれば、4億円の年俸であっても用意できなかったかもしれない。

観客数が増加した背景として、球場が新しくなっただけでなく、マツダスタジアムが広島駅の徒歩圏にあり、JRによる交通利便性の向上から顧客エリアが拡大したことが挙げられる。従来は広島市内が中心であったが、市外さらには広島県外から多くの観客が訪れるようになった。マツダスタジアムの来場者がどこから来ているのか、カープ球団が実施している来場者アンケート（2017年）[57]によれば、広島市内26・4%、広島市外（広島県内）36・6%、広島県外37・0%となっており、広島市内よりも広島市外・広島県外から多くの観客が来ている。

また、2017年の広島カープ球団の経営内容を新球場への移転前の2008年と比較すると、入場者数は63・1%増加しているが、売上高は2・6倍の増加となっている。観客数が収容能力の上限に近づく中で、球団ではグッズ販売に力を入れている。2017年のグッズ販売額は50億円以上といわれており、こうした経営努力が入場者数の増加を上回る売上高を実現し、当期利益は２億円から13億円と５・８倍に増加している（表８―３）。

もっとも、マツダスタジアムの入場者数は収容能力３万３０００人の上限に近づいており、増加余地がほとんどなくなっている。広島カープは広島の交流人口拡大に大きく貢献しているが、さらなる交流人口の拡大という視点からは、サンフレッチェ広島など他のスポーツにも目を向ける必要があるように思われる。

表８－３　広島カープ球団の経営の概要

	観客数(人)	売上高(億円)	当期利益(億円)	リーグ順位
2008年	1,318,454	71	2	4
2017年	2,150,261	188	13	1
増加率	63.1%	2.6倍	5.8倍	

出典：広島市都市整備局「広島市民球場運営協議会資料」より作成

第３節　サンフレッチェ広島

サンフレッチェ広島はＪ１のプロサッカーチームである。東洋工業（現マツダ）蹴球《しゅうきゅう》部として１９３８年に創部、その後１９８１年にマツダサッカークラブ、Ｊ１発足の１９９２年にサンフレッチェ広島となり、現在に至っている。

１９６５年から始まった日本サッカーリーグ（ＪＳＬ）では最多優勝５回、天皇杯ではマツダサッカークラブやサンフレッチェ広島を含め決勝進出回数が歴代最多の14回、Ｊ１年間優勝は２０１２年・

2013年・2015年の3回を誇っている。なお、J1年間優勝3回の監督はいずれも現在の日本代表監督である森保一氏である。

もっとも、サンフレッチェ広島は観客数が少ない。2018年はJ1リーグ2位となったが、ホームの平均観客数は1万4345人のリーグ15位である。数年前から市内中心部へのホームスタジアム移転が検討課題となっている。

サンフレッチェ広島は1995年まで、広島市西区観音の広島県総合グラウンドを本拠地として試合を行っていた。年間観客数はJ1発足後の1993年が30万人、94年が38万人(過去ピーク)、95年が30万人に達し、収容率は80%を超えていた。以下、順位と観客数は図8—3を参照されたい。

しかしながら、1996年に現在のエディオンスタジアム広島(広島市安佐南区)に移転すると、年間観客数は10万人台に減少した。その後、サポーターや県民・市民の声援、クラブの経営努力、チームの活躍などが相俟《あいま》って持ち直し、J1で年間優勝した2015年には30万人まで増加したが、「広島県総合グラウンド」を本拠地としていた1994年の38万人にはおよばず、収容率も5割を下回っている。

エディオンスタジアム広島は、広島市中心部からの公共交通機関によるアクセスが不便であり、自家用車で来ると交通渋滞に巻き込まれる。さらに、陸上競技用スタジアムのため、ピッチと観客席の間に陸上用トラックがあって試合が見づらい、客席の大部分に屋根がない、などの問題が指摘されている。

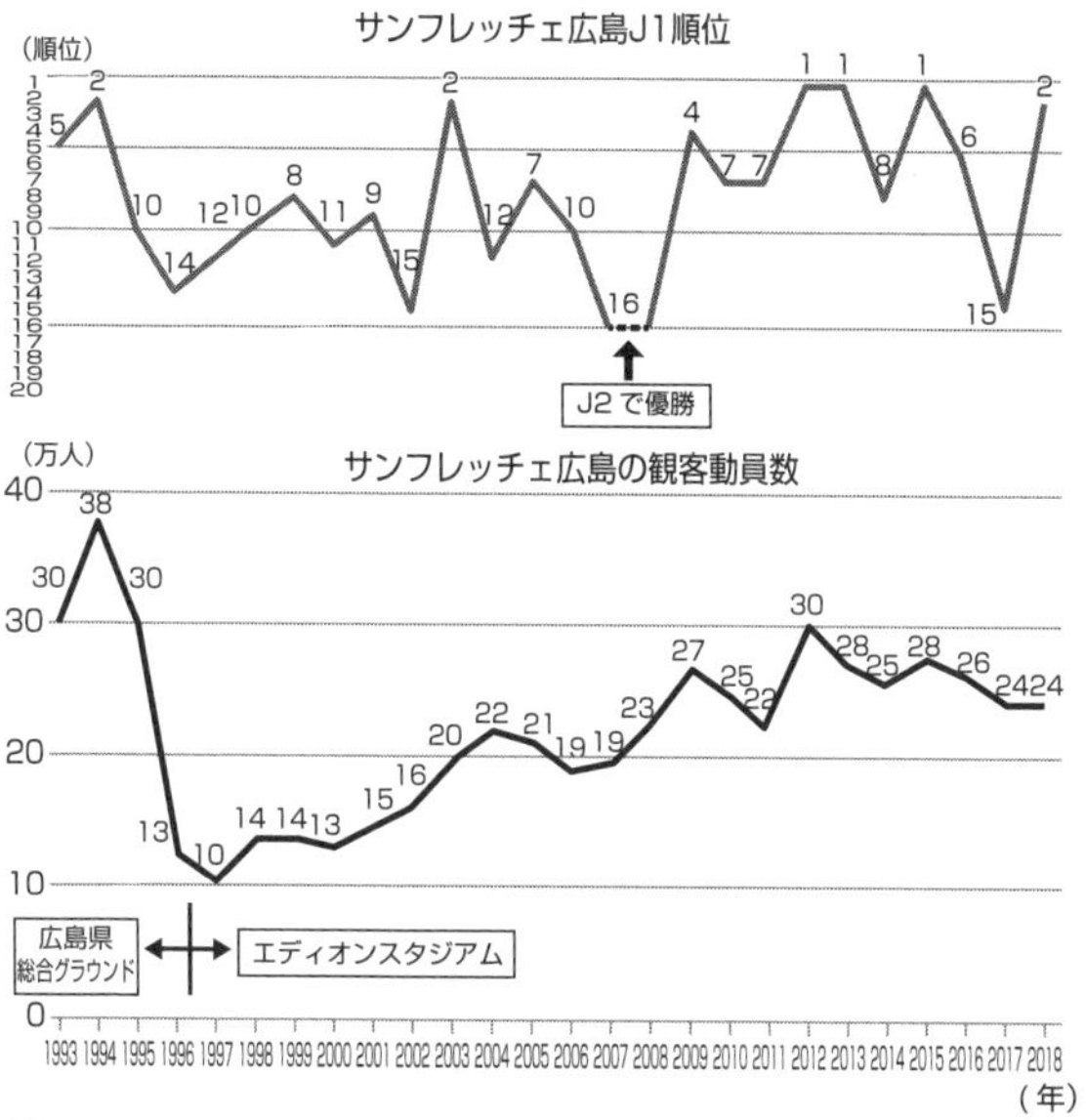

図8―3　サンフレッチェ広島のＪ１順位(上)と観客動員数(下)
出典：「サッカーD. B.」より作成

このため、サンフレッチェ広島の本拠地を広島市内中心部に移すべく、２０１３年から広島市中区の旧広島市民球場跡地、中央公園自由・芝生広場、広島市南区の広島みなと公園の３か所を候補地に議論が進められてきた。そして、２０１９年２月６日に広島市長・広島県知事・広島商工会議所会頭・サンフレッチェ広島会長の４者会談により次のような合意に至った。

建設予定地は広島市中区の中央公園自由・芝生広場。広島市が事業主体となり、広島県と広島商工会議所が資金面で協力、2024年春の開業を目指す。敷地面積7・9ha、収容人数3万人、事業費約190億円。建設資金は、企業や個人からの寄付金や使用料収入、国交付金などで賄うことを想定。2019年度に基本計画を作成する予定である。

広島市内中心部への移転により、サンフレッチェ広島の観客数は現在より大きく増加することが期待されている。ただし、サッカーのホーム試合は年間20試合程度であり、これだけで採算を取ることは容易ではなく、試合のないときにどのように活用するかが課題となってくる。また、新サッカースタジアムの候補地が中央公園自由・芝生広場に決まったことで、旧広島市民球場跡地の活用に向けた議論が本格化する。サンフレッチェ広島の新スタジアム候補地問題が浮上するまで、広島市では旧広島市民球場跡地に、図8―4の右図のような屋根付きイベント広場をつくる構想を持っていた。詳細プランまでは作成されていないが、敷地の大きさや立地条件から見て、大規模ライブ・コンサートやイベントが開催できるような施設を建設することが可能である。また、2018年に隣接する広島商工会議所の移転が決まったため、開発対象面積はさらに広がっている。

市内中心部に3万人規模のスタジアムが建設され、旧広島市民球場跡地がイベント広場と

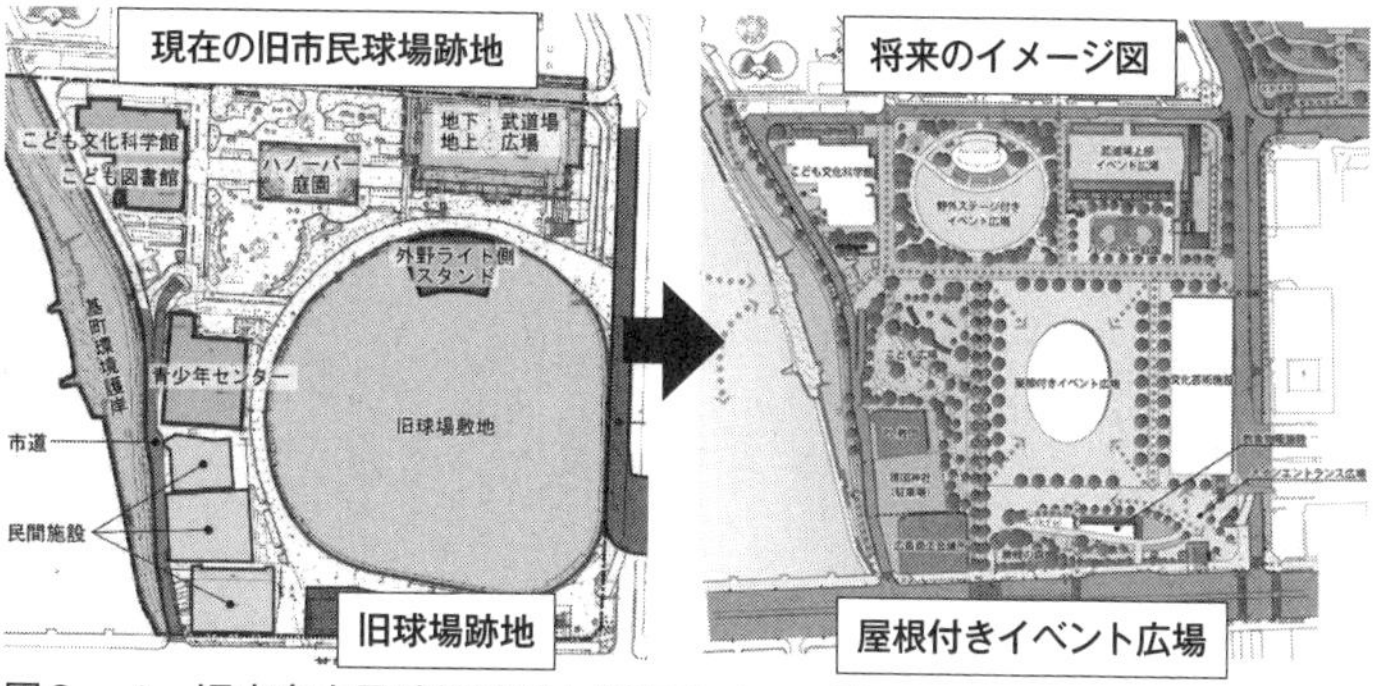

図8－4　旧広島市民球場跡地と将来のイメージ
出典：広島市ホームページ「旧市民球場跡地の空間づくりのイメージ」
http://www.city.hiroshima.lg.jp/www/contents/1420784208990/index.html
（2015年1月）を加工して作成

して活用されると、広島市内中心部に人が集う新たな魅力が誕生することになる。サッカースタジアムの建設や旧市民球場跡地の活用を巡っては、採算性、集客力、周辺住民への影響、原爆ドームのバッファーゾーンの制約など、検討すべき項目が数多く残っているが、広島のスポーツやライブ、イベントが増えることで、交流人口が拡大することが期待できる。

〈脚注〉
56. 新スタジアムができた年の観客数は187万人と大幅に増加したが、これは新球場のオープニング効果によるものとして除外し2年目からの3年間で計算した。
57. 2017年8月11日の巨人戦ナイトゲームでのアンケート調査。有効回収数1342枚、回収率89・4%。（広島市都市整備局「広島市民球場運営協議会資料」より）

第９章　広島市中心部の再開発による交流人口の拡大

第１節　広島市中心部の再開発の必要性

１．広島市中心市街地の老朽化

２０１８年10月、広島市中心部の「紙屋町・八丁堀地域」が「都市再生緊急整備地域」に指定された。その背景として、広島市中心部の建物の多くが老朽化し、建て替え時期を迎えていることが挙げられる。

広島市は、支店経済と呼ばれるほど大企業の支社・支店が集積している。とりわけ、広島市中心部の紙屋町・八丁堀地域は中四国地方最大のオフィス街である。もっとも、広島市は１９４５年８月６日、原爆により中心市街地が消滅した。その後、１９４９年の広島平和記念都市建設法により本格的な復興が始まり、高度成長期において多くの建物が建設されたが、その多くが今、老朽化している。

広島市の中心市街地（広島駅〜八丁堀〜紙屋町）の建物の築年数は、表9—1のように50年以上経過が14％、40年〜50年経過が20％、30年〜40年経過が25％となっており、約6割の建物が建築後30年以上を経過している。

また、公共施設の多くも老朽化しており、県庁舎（1956年築）に至っては築後60年を超えている。建築基準法に現行の耐震基準が設定されたのは1981年であり、それ以前（37年以上経過）の建物は、現行の耐震基準を満たしていない可能性もある。

具体的にどの建物が古いかは、広島県のホームページの建築年数別のマップ[58]で確認できる。原爆により消滅し、その後復興した市内中心部には、建築時期が古く、かつ小規模な建物が密集している。

表9－1　広島市中心市街地の建物の築年数

築年数	割合
50年以上	14%
40～50年	20%
30～40年	25%
20～30年	22%
10～20年	11%
10年未満	8%

出典：広島県・広島市「広島市都心部実態調査について」(2015年6月）より作成

また、広島市のビルは老朽化しているだけでなく小規模なビルが多い。全ビルに占める大型ビルの割合は、貸室総面積でみても棟数でみても1割以下であり、全国の主要都市の中で大型ビルが最も少ない（図9—1）。

また、広島県・広島市が作成した「ひろしま都心活性化プラン」（２０１７年３月）によれば、「オフィスの空室率は平成23年以降低下し、需給均衡の目安とされる５％を割り込んでおり、オフィス需要は高まっていますが、ここ数年はオフィスの新規供給（延床面積１０００坪以上）が進んでいない」と分析しており、現状はオフィス不足となっている。

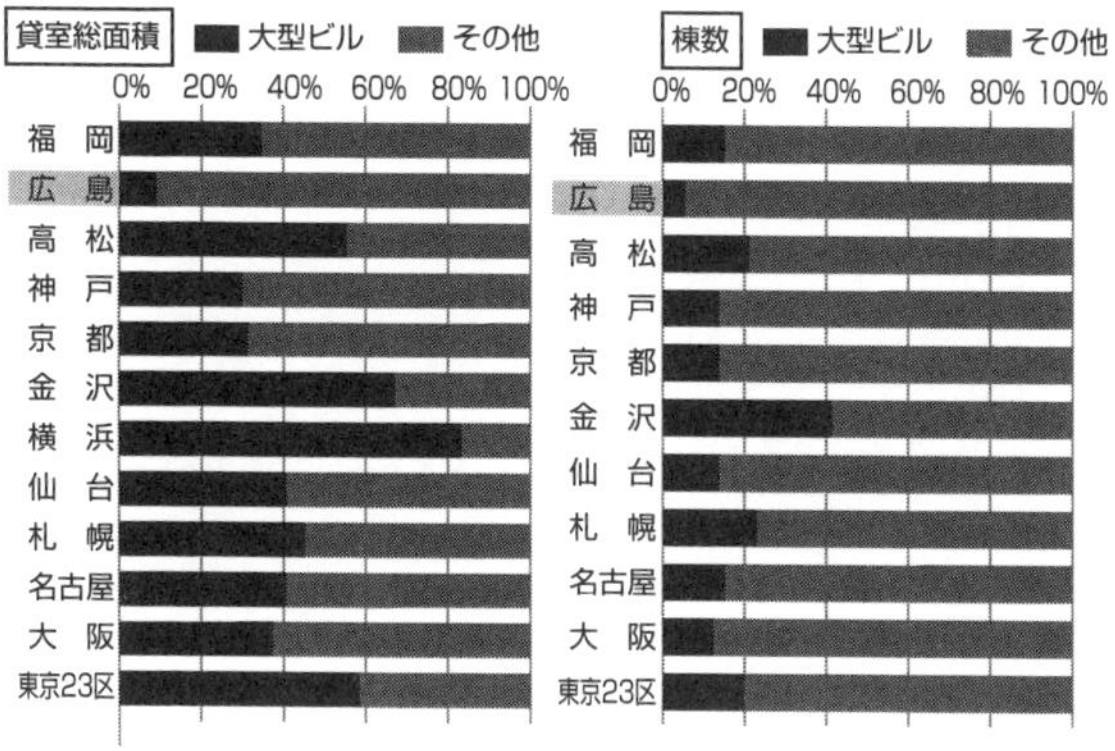

図９－１　オールグレードに占める大型ビルの割合（都市別）
出典：CBRE「広島オフィスマーケット」（2016 年２月 15 日）（https://www.cbre-propertysearch.jp/article/office_hiroshima_business_area_2015-vol2/）より

こうした中、２０１９年10月に新広島ビルディング（1万1500㎡）、２０２０年４月に損保ジャパン日本興和広島紙屋町ビル（1万3030㎡）が竣工予定となっている。さらに、広島商工会議所の移転計画や広島東郵便局の高層ビルへの建て替え計画なども検討が始まっている。都市再生緊急整備地域の指定も活用しながら、広島市内の大型ビルの建設が進み始めている。

2. ホテル不足

広島でも外国人観光客は増加しているが、原爆ドームと厳島神社という外国人に人気のある世界遺産が二つもある割には、宿泊客数は多いとは言えない。また、外国人観光客の一人当たり消費額は全国平均以下である。こうした背景には、観光客の増加にホテルなどの宿泊施設が追い付いていないという事情も影響している。

広島県のホテル客室数は少ない。2017年のデータでは、「アパホテル広島駅前大橋」(広島駅南側、客室数727と県内最大規模)が2016年に開業したことでホテルの客室数が約4%増加したが、それでも広島県全体で1万8574室、全国15位にとどまっている。北海道や大阪府の3分の1以下、福岡県の半分以下である(表9—2)。

一方、2017年の広島県内のシティホテルの客室稼働率は84・8%と大阪に次いで全国2位、ビジネスホテルは76・7%で全国9位と高く、広島のホテルは予約が取

表9－2　都道府県別ホテル客室数(2017年)

		施設数	客室数
	全国	10,402	907,500
1	東京	718	110,641
2	大阪	498	71,193
3	北海道	702	66,817
4	福岡	418	42,470
5	沖縄	396	35,823
6	千葉	190	33,706
7	神奈川	338	32,600
8	静岡	380	29,752
9	兵庫	434	29,578
10	愛知	301	28,769
⋮	⋮	⋮	⋮
15	広島	190	18,574

出典：厚生労働省「衛生行政報告」(2017年)より作成

りにくい状況となっている（表9―3）。

こうした中、2020年のオリンピック開催に向けて、広島県内ではホテルの建設が増えている。2018年に2軒411室が開業したほか、2019年には6軒1001室、2020年には3軒630室の建設が計画されている[59]。計画どおりに進むと、3年間でホテルの客室数は約2000室、1割以上の増加となる。

表9－3　都道府県別客室稼働率（2017年）

単位%

	ビジネスホテル		シティホテル	
	全国	75.4	全国	79.4
1	大阪	85.1	大阪	89.3
2	東京	84.8	広島	84.8
3	京都	84.0	福岡	83.8
4	愛知	79.0	神奈川	83.2
5	福岡	78.8	東京	82.9
6	沖縄	78.1	京都	81.2
7	神奈川	77.5	千葉	80.4
8	岡山	77.2	沖縄	80.0
9	広島	76.7	石川	79.5

出典：観光庁「宿泊旅行統計調査」（2017年）より作成

これまで広島では、観光客が増加しても宿泊するホテルが足りないという問題があったが、ホテルの収容力の拡大により観光客の増加が宿泊者の増加を通じて、地域経済により大きな経済効果をもたらす状況になりつつある。

3．MICEの出遅れと開発提言

世界中から人が集まるイベントとして、MICEが注目されている。MICEは、Meeting（会議・研修・セミナー）、Incentive Travel（報奨・招待旅行）、Convention（大会・学会・国際会議）、

Exhibition/Event（展示会）の頭文字である。
国際会議・国際展示場は多くの集客が見込まれ、経済効果の大きいビジネス関連イベントとして注目されているが、広島市での開催件数は他の同規模都市と比べ少ない（図9―2）。

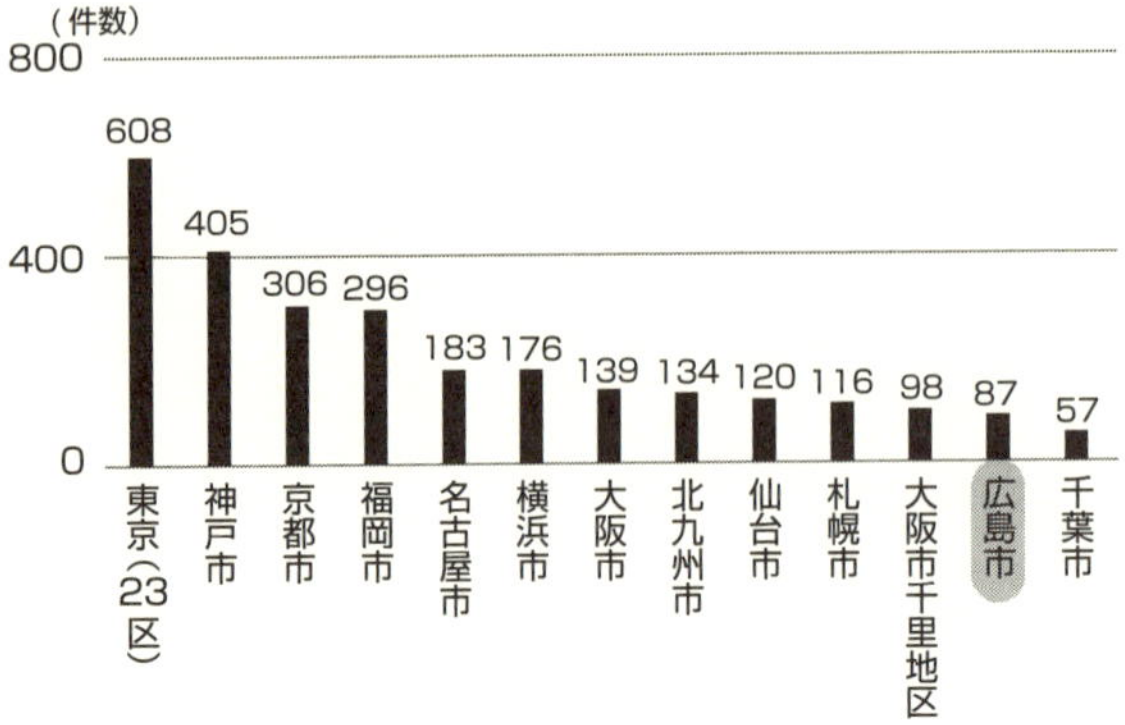

図９－２　国際会議開催件数（2017年）
出典：日本政府観光局「国際会議統計」（2017年）より作成

　広島市でもＭＩＣＥへの対応強化については以前から議論されてきた。１９８７年に宇品・出島地区に大規模な展示施設を設置する構想があったが進展しなかった。

　しかしながら、２０１５年に広島市が国の「グローバルＭＩＣＥ強化都市」に指定され、２０１８年には広島商工会議所が広島市西区の商工センターと県営広島西飛行場跡地を候補地とする提言を広島県・広島市に行うなど、近年ＭＩＣＥ機能の強化に向けた動きが活発化している。今回の都市再生緊急整備地域の地域整備方針にも、ＭＩＣＥ・宿泊機能の強化が盛り込まれている。

ＭＩＣＥの拡大に向け国際会議場や宿泊施設などの施設整備が進むことを期待したい。

第２節　官民連携による公共空間を活用した開発計画

１．公共交通ネットワークの改善

県外から広島に来る場合、最も利用者が多いのは新幹線である。広島駅周辺は十数年前までは小規模で老朽化したビルが多かったが、マツダスタジアムを含む広島駅周辺地域の再開発が行われた結果、高層ビルが立ち並ぶ近代的な都市空間に変わっている。

広島市内の主な公共交通機関は、路面電車（広島電鉄）、バス、アストラムラインである。地下鉄はアストラムラインの一部区間のみであり、本格的な地下鉄がないことに驚く人が少なくない。

アストラムラインは広島市中心部の本通りから広島市北部の住宅地・大学・エディオンスタジアムなどを通り、広域公園駅までを結んでいる。今後西広島駅まで延長されることになっている。

広島市内の中心的な交通手段は路面電車（広島電鉄）であり、利用者数は１日平均10・

7万人（2017年度）と全国最多を誇る。もっとも、広島市内中心部の混雑から路面電車の運行効率が低下している。また、広島駅乗り場は複雑で観光客には分かりにくいほか、ラッシュ時には駅前で車両が行列待ちになることもある。

こうした課題を解決するため、広島駅と広島市中心部（八丁堀・紙屋町地域）を結ぶルートを現在の猿猴橋経由ではなく、駅前大橋を渡り真っすぐ広島駅に乗り入れるルートに変更するとともに、路面電車の広島駅ホームを高架とし、JR広島駅の乗降口のある2階部分と連結させる計画となっている（図9―3およびP177の図9―5参照）。

2. 広島空港のコンセッション

広島空港は国内線5路線・国際線6路線のネットワークにより、2017年の年間乗降客数297万人を誇り、乗降客数で全国16位、中国地方では最大の国際空港である。もっとも、広島空港の利用者数は伸び悩んでいる。

利用者の7割を占める主力路線である広島―羽田便の乗客を新幹線に奪われている。広島・東京間の移動における航空機と新幹線のシェアは、2003年には航空機61・9%、新幹線38・1%であったが、2016年は航空機37・3%、新幹線62・7%と逆転されている。

こうした背景には広島空港のアクセス問題がある。広島空港は広島県のほぼ中央に位置し

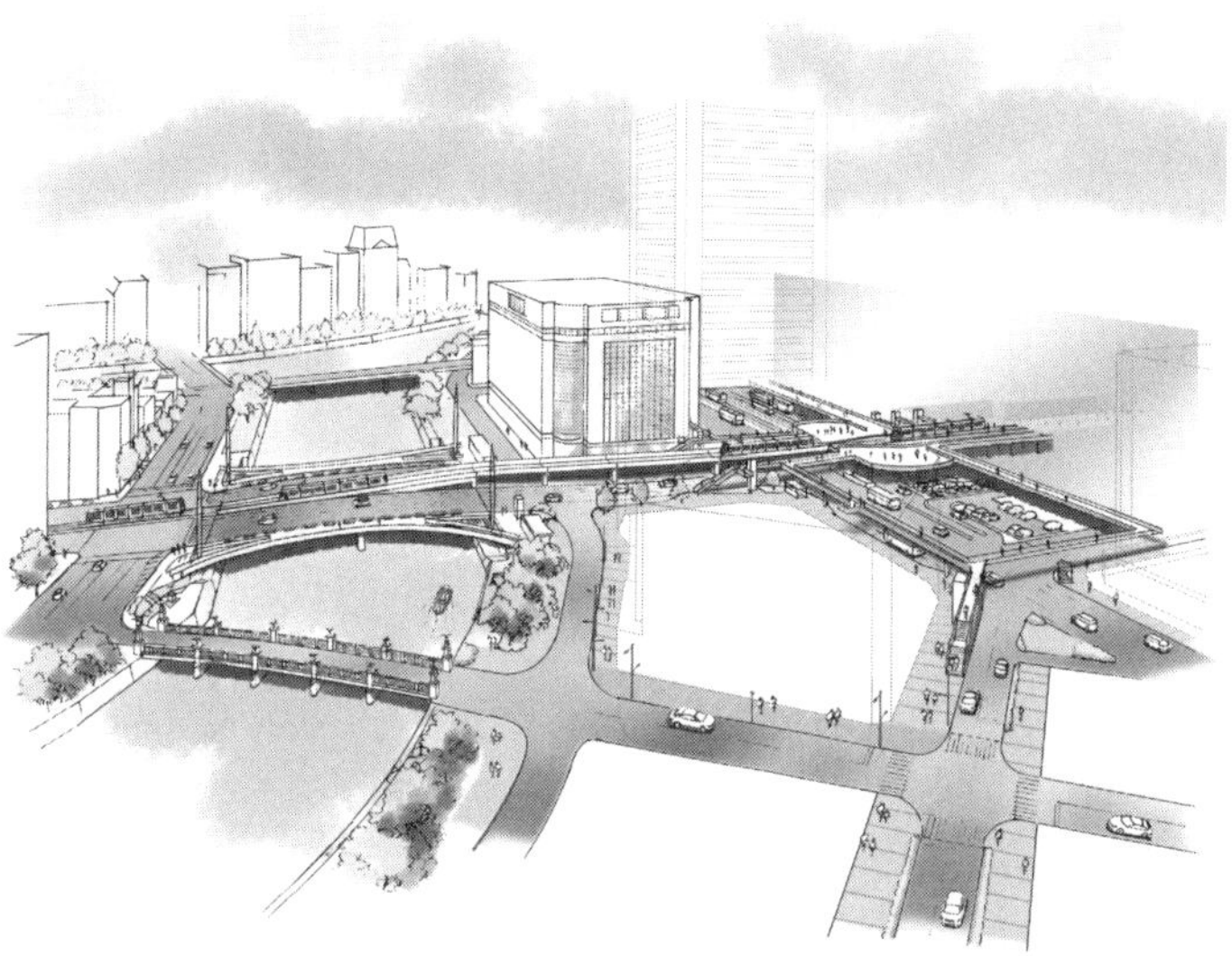

図９－３　路面電車のルート変更後の駅前大橋周辺（イメージ図）
出典：「広島駅南口広場の再整備等に係る基本方針」（2014 年）より（広島市提供）

ているため、県内第1の都市である広島市（最速の所要時間45分）、第2の都市である福山市（同65分）、第3の都市である呉市（同58分）のいずれからも遠い。しかも、空港に鉄道が乗り入れておらず、リムジンバスや自家用車などでアクセスするため、渋滞等による不確実性が避けられない。広島空港の利用客に対するアンケートでは、空港へのアクセスの悪さや不確実性に対する不満が圧倒的に多い。

　広島空港への鉄道乗り入れは目途が立っていないが、広島駅と広島空港を結ぶ高速バスの高速性・定時性の向上を図るため、広島駅北口まで高速道路（広島高速5号線）を延伸させる工事が進められている。これが開通すると、広島駅北口から広島高速5号線・広島高速1号線・山陽自動車を利用して空港にアクセスできるため、現在より高速性・定時性が改善されることが期待されている。

ところで、地方空港は今、歴史的な転換点を迎えようとしている。これまで空港は国の管理下に置かれ、空港ごとの裁量の余地は小さかったが、順次コンセッション（運営権の民間委託）が進められている。広島空港は2021年4月にコンセッション（民間委託）の予定となっている。現在の地方空港の着陸料金は国の管理のため全国一律となっているが、コンセッション後は、着陸料金の決定などが空港に任され、自立的な経営が行われることになる。

広島空港の航空系収支は、地方空港では珍しく黒字体質となっている。現状、この黒字は、広島空港で使えるわけではなく、他の地方空港の赤字補填に使われているという見方もできる。これがコンセッション後は、独立採算となるため、広島空港の経営判断により、着陸料金の引き下げやLCC路線の誘致費用などに利用するといった独自の経営戦略が可能となる。

広島空港の現在の主力は羽田線だが、今後の利用客増加が見込まれるのは国際線のインバウンドである。広島空港は、コンセッションによる経営の自立性を確保し、戦略的なインバウンド、LCC拡大戦略を推進することになると考えられる。

コラム⑩　ＳＮＳによる地域発信

２０１７年の流行語大賞に「インスタ映え」が選ばれた。大学生の多くは新聞・雑誌をあまり読まないだけでなく、テレビよりもインターネットに費やす時間の方が長く、ＳＮＳに詳しい。私事ながら、大学の授業で２０１６年にフェイスブックを説明していると、学生から「フェイスブックは古い、今はツイッター」と言われ、２０１７年にツイッターを説明していると「ツイッターは古い、今はインスタグラム」と言われる始末である。スマートフォンの普及によりＳＮＳが急速に進化し、社会的重要性を増していることは疑いない。

企業だけでなく、地方自治体の情報発信手段としても、フェイスブック、ツイッター、インスタグラムなどの利用が広がりつつある。ＳＮＳはマスメディアのような大きなコストが必要ないため、人口の小さな自治体でもＳＮＳを活用した情報発信が盛んである。以下の活用例はゼミ生が自治体のＳＮＳ活用例を調べたものである。

○フェイスブックの活用例

岩手県陸前高田市は東日本大震災後に震災の記憶を風化させないために被災地の情報を世界に

発信しようと「Rikuzentakata/がんばっぺし陸前高田」という名前でフェイスブックを始めた。２０１９年１月現在、２３３８７人のフォロワーがいる。主に災害情報やイベントの宣伝を発信している。

○ツイッターの活用例

数多くの自治体が情報発信ツールとして活用している。

北海道陸別町では、町外の人に移住情報や観光情報を提供することを目的に利用を開始し、２０１９年１月現在、１２３７０人のフォロワーがいる。町外の人が見ても面白いコンテンツを心がけており、日本一寒い町であることから気温の話やオーロラ、日々の町の様子などを投稿している。

○インスタグラムの活用例

インスタグラムを活用している自治体はまだ少数派であり、フェイスブックやツイッターに比べフォロワーが少ない。もっとも、インスタグラムはメインが写真で言語を必要としないため、観光地や名産品の魅力を伝えやすく、海外への情報発信も容易であるというメリットを有する。

愛知県田原市は、定住人口、交流人口を増加させるため、若い世代に田原市に興味を持ってもらう目的でインスタグラムの運営を開始した。フォロワーを飽きさせないよう頻繁に投稿し、全ての投稿にオリジナルのハッシュタグ「＃たはら暮らし」を付けており、２０１９年１月現在、９９６７人のフォロワーがいる。

広島市と類似都市である札幌市、仙台市、福岡市では、いずれもフェイスブック、ツイッター、インスタグラムによる情報発信を行っている（表９―４）。フォロワー数ではフェイスブックとツイッターが多い。広島県内の自治体でも、観光客が最も多い広島市ではフェイスブックとツイッターによる情報発信を行っている。また、宮島の観光客が多い廿日市市ではフェイスブックによる情報発信を行っている。

ＳＮＳによる情報発信については、自治体がどこまで関わるのか、例えば、観光ＰＲは観光協会が行うといった考え方もあると思われるが、ＳＮＳの影響力が急速に拡大しているのも事実である。広島の良さが、ＳＮＳでより広く情報発信されることを期待したい。

表９－４　SNS ごとの自治体別フォロワー数　（2019 年１月）

	フェイスブック	ツイッター	インスタグラム
札幌市（広報部）	10,909 (SAPPOROSMILE)	100,776	263 (SAPPOROSMILE)
仙台市（誘客戦略推進課）	タイ語 91,073	粉丝 87,908	507
福岡市（広報戦略室）	9,525	74,073	21,500
広島市	3,268	13,154	なし
廿日市市	2,437	なし	なし

出典：各市のホームページより作成

第3節　都市再生緊急整備地域の指定

広島市は中四国地方最大の都市である。広島駅から八丁堀・紙屋町に至るエリアは、中四国地方最大の業務エリア、商業エリア、宿泊・飲食エリアであるが、第1節で確認したように、広島市中心部は古くて小さいビルが多いなど老朽化している。

こうした中、2018年10月に広島市中心部の紙屋町・八丁堀地域が国の「都市再生緊急整備地域」に指定されたことで、新サッカースタジアムの建設のほか、多くのプロジェクトが動き始めている。今後、広島市中心部がどのように変わっていくのか、目が離せない状況である。

1．都市再生緊急整備地域とは

都市再生緊急整備地域とは、「都市再生の拠点として、都市開発事業等を通じて緊急かつ重点的に市街地の整備を推進すべき地域」として政令で指定された地域であり、全国で55地域（2018年10月24日時点）が指定されている。

都市再生緊急整備地域に指定されると、土地利用規制の緩和や都市計画の提案、事業認可等の手続期間の短縮、民間プロジェクトに対する金融支援や税制優遇を受けることができる[60]。典型的な恩恵としては、容積率の緩和により高い建物を建てることができる。また、都市再生本部が定める地域整備方針等に従って、関係省庁及び地方公共団体が、市街地の整備のための施策を強力に推進することになる。

広島県では、広島駅周辺が2003年7月に指定を受けた。指定当時の広島駅周辺は、南口は小規模な雑居ビルが密集し、北口はあまり開発が進んでいなかったが、現在では、写真のとおり広島駅南口のBブロック・Cブロック、北口の若草地区などの再開発事業が進展し、街の近代化や高度利用が大きく進展した。また、マツダスタジアムとその周辺の開発も行われた（図9―4）。

2．紙屋町・八丁堀地域の指定内容

2018年10月、広島市中心部の「紙屋町・八丁堀地域」が「都市再生緊急整備地域」に指定された。「紙屋町・八丁堀地域」とは、相生通り・鯉城通り・平和大通りなどの幹線道路を中心にした市街地161haであり、広島市の中心市街地の多くが対象地域となった。（図9―5）の地図参照。

今回の整備目標としては「敷地の共同化、土地の高度利用及び業務・商業・文化・宿泊など都市機能の充実・強化等」が挙げられている（表9―5）。増進すべき都市機能としては、

広島駅南口周辺

Cブロック再開発事業

Bブロック再開発事業

広島駅新幹線口周辺およびマツダスタジアム

若草町地区再開発事業

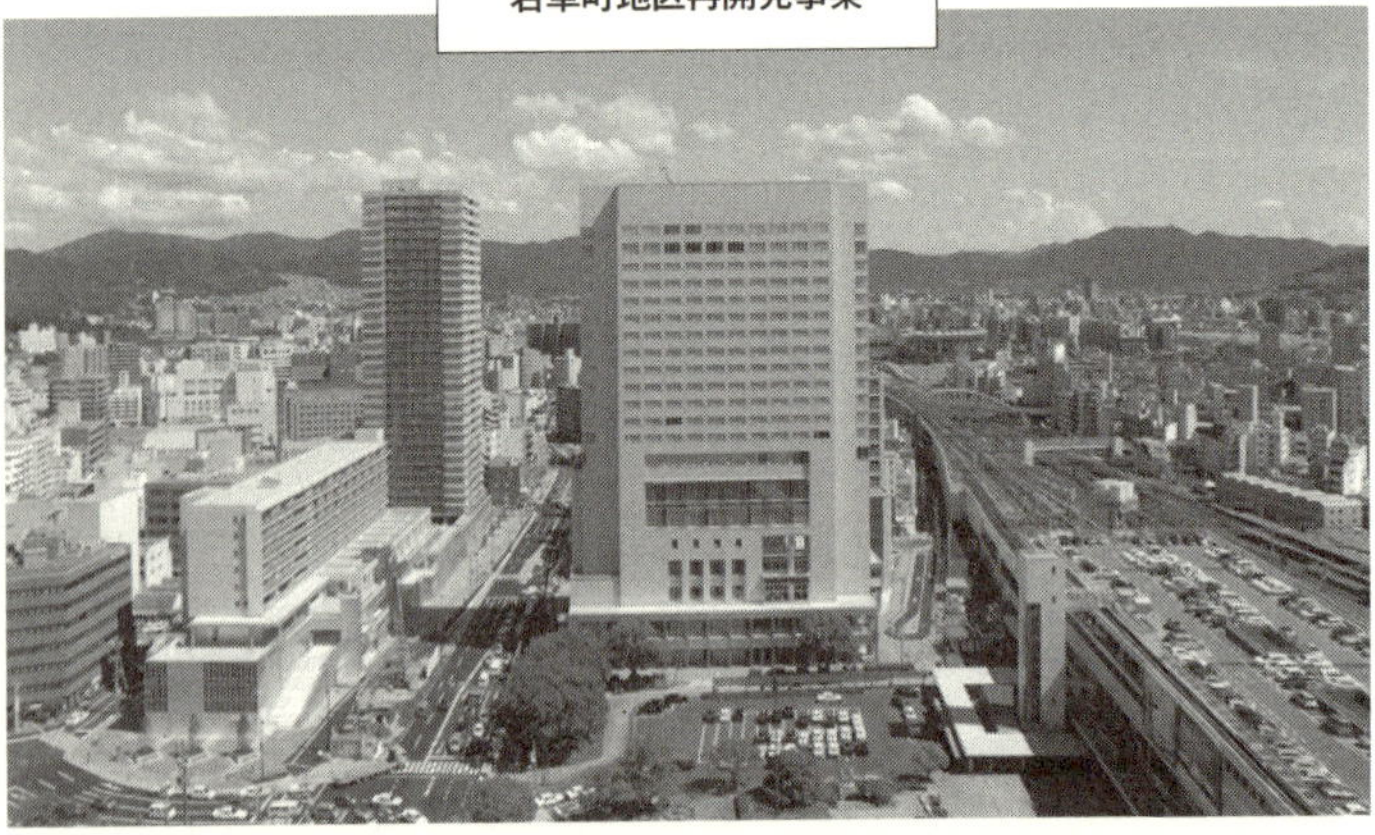

図9－4　再開発後の広島駅周辺
出典　写真は、広島市ホームページ「広島市の市街地再開発事業（完了地区）」(http://www.city.hiroshima.lg.jp/www/genre/1000000000684/index.html)

①高規格オフィスの実現、②高次商業機能の充実・強化、③MICE・宿泊機能や観光・文化・情報発信機能の充実・強化などが盛り込まれている。

表９－５　地域整備方針

項目	内容
整備の目標	（前略）中四国地方最大の業務・商業集積地である地域特性を生かして、更新時期を迎える建築物の建替えに合わせた、敷地の共同化、土地の高度利用及び業務・商業・文化・宿泊など都市機能の充実・強化等により、国際平和文化都市の都心にふさわしいにぎわいと交流、さらに革新性が高いビジネス機会を生み出す都市空間を形成
都市開発事業を通じて増進すべき都市機能に関する事項	○国際的なビジネス環境の形成に資する高規格オフィスの実現など業務機能の高度化 ○広域的な集客を促進する高次商業機能の充実・強化 ○国内外から多くの人を惹きつける MICE・宿泊機能や観光・文化・情報発信機能の充実・強化 ○官民連携による公共空間を活用したにぎわいと交流機能の強化
公共施設その他の公益的施設の整備及び管理に関する基本的事項	○広域的な公共交通ネットワークの充実・強化のための結節点の整備（以下略） ○平和大通りや旧市民球場跡地等の新たな魅力とにぎわいの創出に資する公共空間を含めた環境整備 ○中央公園等の公共施設群の高次文化機能等の充実を図るための施設整備
緊急かつ重点的な市街地の整備の推進に関し必要な事項	○地域の活性化に資する広島商工会議所ビルの移転・建替に係る検討 ○サッカースタジアムの整備場所を踏まえた旧市民球場跡地の活用による地域の活性化 ○原爆ドームのバッファーゾーン等の建築物については、広島市景観計画に基づく世界遺産の周辺にふさわしい形態意匠にするとともに（中略）高さ基準を遵守した都市開発事業を誘導

出典：内閣府地方創生推進事務局「都市再生緊急整備地域及び特定都市再生緊急整備地域の一覧」の「広島紙屋町・八丁堀地域」の地域整備方針（https://www.kantei.go.jp/jp/singi/tiiki/toshisaisei/kinkyuseibi_list/）から筆者が一部抜粋

また、④公共空間を活用したにぎわいと交流機能の強化策として、広島商工会議所の移転、サッカースタジアムの整備、旧広島市民球場跡地の活用が取り上げられている。現在、広島市の中心市街地が抱えている諸課題を一挙に解決しようとしている。

4 動き出した開発案件

現在、広島市紙屋町・八丁堀地域では、いくつかの再開発計画が進んでいる。具体的には、P177の「都市再生緊急整備地域としての『紙屋町・八丁堀地域』の開発プロジェクト図」(図9―5)のとおりである。また、各プロジェクトの概要は次のとおりである(番号は図9―5と対応)。

・本社建て替え／①広島銀行本店、②エディオン広島本店本館、③広島アンデルセン本店
・オフィスビル建設／④損保ジャパン日本興亜広島紙屋町ビル、⑤新広島ビルディング
・ホテル建設／⑥ホテルインターゲート広島、⑦広島平和大通りホテルPJ、⑧富士見町地区(広島東警察署等)⑨(仮称)広島・京橋町ホテル

このほか、⑩広島市営基町駐車場周辺地区に広島商工会議所が移転新築予定(詳細未定)となっている。

今回の都市再生緊急整備地域の指定により、さらに多くの開発案件が進展するよう広島市では相談支援窓口を設置し、必要な助言・支援を行っている。

こうした取り組みにより、広島市の魅力が高まり、大規模施設やホテルが増えれば、国際会議(MICE)や宿泊客の増加につながる。企業誘致にもプラスになる。そして、若者にとって魅力的な街になり、ひいては周辺の市町も含めた、人口の拡大にもつながるのではないだろうか。

次の第10章では、この定住人口の拡大について検討していく。

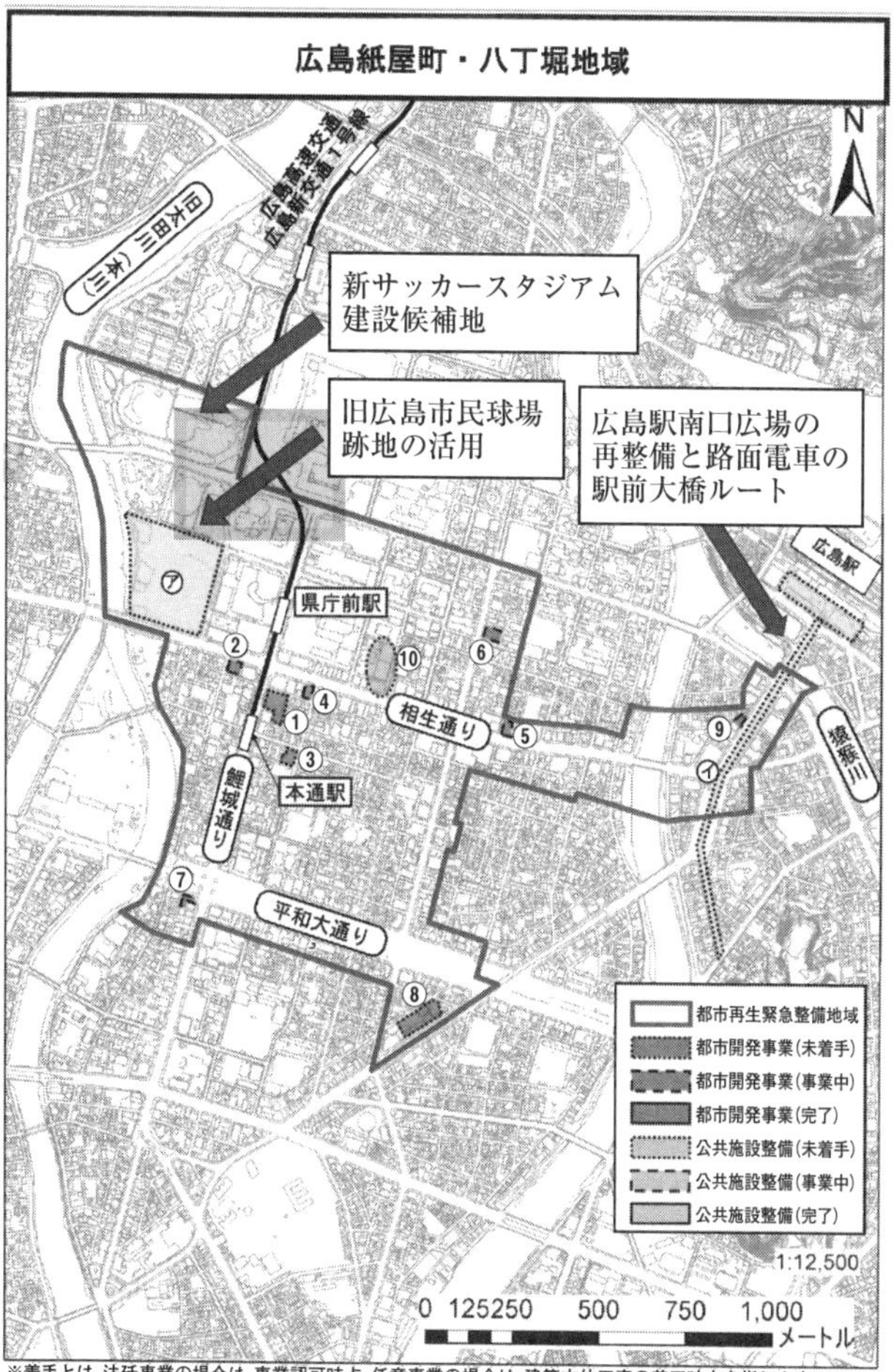

※着手とは、法廷事業の場合は、事業認可時点、任意事業の場合は、建築本体工事の着工時点を指します。

図9－5　都市再生緊急整備地域としての「紙屋町・八丁堀地域」の開発プロジェクト図

出典：内閣府地方創生推進事務局「都市再生緊急整備地域及び特定都市再生緊急整備地域の一覧」の「広島紙屋町・八丁堀地域」のプロフィール（https://www.kantei.go.jp/jp/singi/tiiki/toshisaisei/kinkyuseibi_list/）を加工して作成

〈参考文献・資料〉
・広島県・広島市（２０１７年）「ひろしま都心活性化プラン」（２０１７年）
・広島経済同友会都市機能委員会提言「『国際交流平和都市　新生〝ひろしま〟』を目指して」～50年後も輝き続ける広島であるために（２０１６年）
・広島電鉄株式会社「会社要覧」（２０１８年）
・広島空港ホームページ（http://www.hij.airport.jp/）
・国土交通省東京航空局「空港利用状況概況集計表（確定値）」（２０１７年）
・西日本旅客鉄道株式会社「Fact Sheets ２０１８」

〈脚注〉

58. 広島県・広島市「広島市都心部実態調査について」（２０１５年６月）
(https://www.pref.hiroshima.lg.jp/uploaded/life/288143_692177_misc.pdf)

59. ひろぎん経済研究所「Current　Hiroshima」２０１８年11月号

60. 具体的には、このほか、所得税・法人税の割増償却、登録免許税の軽減、不動産取得税・固定資産税・都市計画税の控除拡大などが挙げられる。

第10章　交流人口の拡大から定住人口の拡大へ

現在、広島県でもほかの地方と同様、若者が大都市圏へ流出している。大都市への人口流出が進むと地方からにぎわいが失われるだけでなく、大都市の低出生率から日本全体の人口減少を加速させてしまう。東京一極集中を抑制するためにも、広島県のような地域が定住人口の拡大を実現することが必要である。

第1節——人口移動統計からみた広島県の特徴

日本の人口は主として、出産と死亡により増減するが、地域の人口は出産、死亡、転出、転入の4要因で増減する。人口統計では、出産と死亡による増減を自然増減、転出と転入による増減を社会増減という。

日本の人口は、少子高齢化から死亡が出産を大きく上回っており、自然増減の減少幅が拡大している。自然増減の減少を短期間で止めるのは難しく、長期的な課題である。これに対し、社会増減は転出と転入の差であり、短期間に変動するし、地域の状況により大きく異なる。

２０１８年の人口移動報告によると、東京都、神奈川県、千葉県、埼玉県、大阪府、滋賀県、愛知県、福岡県の８都府県で社会増減がプラスとなり、広島県を含めたその他の都府県はマイナスとなっている。

なぜ、広島県は社会増減がマイナスで人口が流出しているのか、その原因を分析し、その対策を考えるのが本章の主題である。

最初に、広島県の社会増減の現状について確認しておきたい。

表10―1で、広島県の社会増減を外国人と日本人に分けて分析した。広島県の社会増減の総数（日本人＋外国人）は、２０１４～２０１６年は転入超過であったが、２０１７年からは転

表 10 − 1　広島県の社会増減

マイナス（▲）は転出超、単位：人

	総数	日本人	外国人
2014	1810	567	1243
2015	3052	412	2640
2016	1493	▲1865	3358
2017	▲ 192	▲2906	2714
2018	▲ 450	▲3220	2770

出典：広島県「広島県人口移動統計調査」（平成 31 年2月）より作成

国勢調査をベースにしており、各年の期間は前年の 10 月1日～9月 30 日である。

出超過となっている。さらに、日本人と外国人別に分けてみると、外国人は２０１５年以降、年間３０００人前後の大幅な転入超過が続いているのに対し、日本人は２０１６年以降は転出超過となり、しかも２０１８年の転出超過数が３０００人を超えている。なぜ、外国人は転入者が多いのに、日本人は転出者が多いのであろうか。

２０１８年12月の広島県の有効求人倍率は２・09倍、東京都に次いで全国2位の高さであり、広島県は深刻な人手不足県である。こうした中、外国人が転入しているのは、主として技能実習生などの外国人労働者であり、製造業を中心に増加している。２０１７年の技能実習生は１万３８４０人[61]、愛知県に次いで全国で2番目に多くなっている。

広島県は人手不足の深刻化という雇用環境にもかかわらず、日本人の転出が増えている。誰が、どこへ、なぜ転出しているであろうか。

まず、誰が転出しているのかは、図10―1に示す

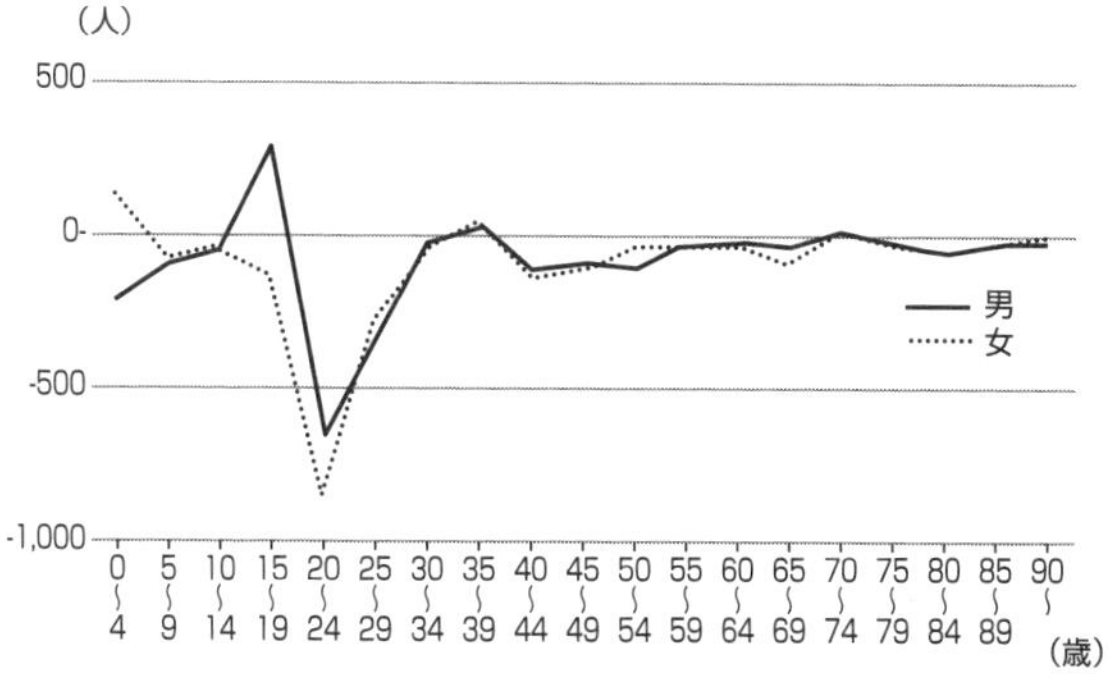

図10－1　広島県の年代別転入超過数（マイナスは転出超）
出典：総務省「住民基本台帳人口移動報告」（2017年）より作成

ように、20代を中心とする若者である。男性は10代後半に転入超過となっているが、20代は大幅な転出超過となっている。女性は10代後半から20代にかけて転出超過となっており、特に20代前半での転出が大きい。男女別では、男性よりも女性の転出超過が大きい。

次に、10代後半から20代の若者がどこに転出しているのかについては、表10—2に示すように、東京都、大阪府を中心とした首都圏と関西圏である。転出理由は就職のためが最も多く、次いで進学となっている。

なぜ就職を機に、東京や大阪に転出するのであろうか。広島県の「若者の社会動態に関する意識調査」では、県内大学等から県外への就職を考えている学生にその理由を聞いている。その理由を整理すると、就職先の問題、都市の魅力の問題、個人的事情の三つの要因に分けることができる（表10—3）。以下では、主として就職先の問題と都市の魅力について考えることとする。

表10－2　広島県から他地域への都道府県別・年齢別の転出超過人数（2016年10月1日～2017年9月30日））

（人）

順位	15～19歳		20～24歳		25～29歳	
1	東京都	397	東京都	1,162	東京都	433
2	大阪府	220	大阪府	742	神奈川県	170
3	神奈川県	117	岡山県	269	長崎県	66
4	京都府	79	千葉県	215	島根県	46
5	千葉県	60	神奈川県	190	千葉県	40

出典：広島県「広島県人口移動統計調査報告」（平成30年3月）より作成

表10－3　県内大学等から県外への就職を考える理由

項目	回答割合(%)
就職先の問題	
・就職したい企業が県内にないから	14.6%
・就職したい業種や職種が県内にないから	13.1%
都市の魅力の問題	
・住んでみたい地域があるから	16.6%
・都会に住みたいから	10.0%
個人的事情	
・家族との同居のため	14.7%
・友達や知り合いの近くに居たいから	14.6%
・親から地元に戻るように言われているから	10.5%
・親元を離れて自立したいから	10.5%
・地元を離れて一人暮らしをしたいから	10.4%

出典：広島県の「若者の社会動態に関する意識調査」(2015年)より作成
3グループに分類したのは筆者。

第2節　若者の転出理由と抑制策

1．若者の転出理由

広島県の若者の転出理由について、前掲の調査結果を踏まえて二つに大別した。

(1) 就職先の問題

就職したい企業が県内にない（14・6％）、就職したい業種や職種が県内にない（13・1％）を合わせると3割近い学生になる。広島県は、有効求人倍率が高く全国有数の人手不足状態となっていることから、求人数が足りないということはない。求人の質の問題である。広島県の産業構造においてウエートの高い業種は、製造業、医療・福祉、卸小売業である。特に製造業が蓄積しており、外国人技能実習生の多くが製造業で雇用されている。

一方、広島県でウエイトの低い業種は、情報通信業、農業・林業、宿泊・飲食サービス、学術研究・専門・技術サービス、金融・保険業である。いわゆるICT分野を含む都市型サービス業が少ない。こうした産業構造上の特徴が、文系のウエイトの高い女子を中心に、就職したい企業や業種が見つからないとの回答につながっている可能性がある。

(2) 都市の魅力

次に、都市の魅力を考えてみたい。広島には広島カープやサンフレッチェ広島などスポーツ文化が蓄積している。しかしながら、若い女性が好きなものはテーマパークとアイドルのライブである。テーマパークはディズニーリゾート(千葉県)とUSJ(大阪府)が圧倒的な人気となっており、残念ながら広島には大勢の入場者を集めるテーマパークがない。また、彼女たちは好きなアイドルのライブには熱心に出かけるが、残念ながら広島では人気アイドルの大規模ライブが少ない。

このように広島県には、製造業を中心に競争力の高い企業が集積しているが、都市型サービス業の企業が少ない。また、広島県のレジャーとしてはスポーツ文化は盛り上がっているが、テーマパークやライブが少ない。こうしたことが若者の県外転出、特に若い女性が東京・大阪に転出したがる理由の一つになっているのではないかと考えている。

2. 若者の転入促進と転出抑制

(1) 若者の転入促進

NPO法人「ふるさと回帰支援センター」では、移住希望者へのアンケート結果を「移住希望地ランキング」にまとめている。2017年の結果（都道府県別）は、1位長野、2位山梨、3位静岡と、東京からそれほど遠くない地域の人気が高いが、4位に広島が入っている。移住希望者は、かつては高齢者が多かったが、最近は20〜40代の勤労者世代が中心となっており、就労の場が多い地方都市が注目を集めるようになっているようだ。そして、全国的な広島カープ人気も、広島に注目が集まる理由になっているらしい。

広島県は2014年10月から「ふるさと回帰支援センター」に職員を常駐させ、広島市と共同で元カープ選手を招いた「Cターン」フェアを開催するなど、各種定住促進イベントを行っている。移住希望者には片道交通費の助成も行っている。また、広島市は、市内の親元に引っ越す人に費用を助成する「三世代同居・近居支援事業」を行っている[62]。

（2）若者の転出抑制

東京や大阪で暮らしたいという若者は多い。東京で生まれ育った若者が東京で就職するのは自然なことだが、東京に縁のない地方の学生が東京や大阪に就職することは慎重に考えるべきである。東京でしかできない仕事に覚悟をもって取り組むのであれば応援したいが、東京は楽しそうだから東京に引っ越すというのはリスクがある。

なぜなら、東京は住居費が高いため、地方出身者は夫婦共働きでなければ生活が難しいケースが多い。身寄りのない都会で夫婦共働きでは、子供を安心して産めない。このため東京都の出生率は1・24と全国最低である（表10—4）。若者が東京に集まれば集まるほど、日本の人口減少は加速する。

仮に、子供を出産すると子育てが簡単ではない。身寄りのない地方出身者が頼るのは保育所だが、東京には全国で待機児童が最も多く、保育所の確保に苦労する。また、東京はサービス業のウエートが高い。サービス業は土日勤務の仕事が多いので、日曜日は誰が子供の面倒を見るのかという問題が発生する。結局、母親は出

表10－4　出生率

●出生率

順位	都道府県	出生率
1	沖縄県	1.95
2	島根県	1.75
3	長崎県	1.71
3	宮崎県	1.71
5	鹿児島県	1.68
⋮	⋮	⋮
15	広島県	1.57
⋮	⋮	⋮
43	千葉県	1.35
44	京都府	1.34
44	宮城県	1.34
46	北海道	1.29
47	東京都	1.24

出典：厚生労働省の「人口動態調査」（2016年）より作成

産すると夫婦共働きを諦めて専業主婦になるため、東京の共働き比率は49・98％と全国最低である（表10―5）。

子供の教育も大変である。東京の小学生の学力は高いが、これは私立中学を受験する小学生が全体の2割以上存在し、こうした児童が平均点を引き上げているのである（表10―6）。専業主婦で小学校から進学塾に通わせることができればよいのだが、そうした経済環境が得られる世帯は多くない。

現在、東京はオリンピック景気に沸いているが、子供が最も生まれない東京に若者が集まれば集まるほど日本の人口減少が加速するため、政府としても、東京一極集中は是正したいと考えている。

広島の都道府県ランキングは、出生率15位、夫婦共働き率34位、小学生の学力5位である。

表 10 － 5　共働き率

●共働き率

順位	都道府県	共働き率
1	山形県	71.15%
2	福井県	70.50%
3	島根県	70.22%
4	富山県	69.08%
5	新潟県	68.67%
⋮	⋮	⋮
34	広島県	58.67%
⋮	⋮	⋮
43	兵庫県	53.38%
44	奈良県	52.08%
45	神奈川県	51.33%
46	大阪府	50.55%
47	東京都	49.98%

出典:「国勢調査」の共働き率（2015 年）より作成

表 10 － 6　小学生学力テスト正解率

●小学生学力テスト正解率

順位	都道府県	正解率
1	石川県	66.00%
2	秋田県	65.60%
3	福井県	63.80%
4	富山県	63.40%
5	広島県	63.00%
5	東京都	63.00%
⋮	⋮	⋮
43	宮城県	58.40%
44	島根県	58.20%
44	大阪府	58.20%
46	愛知県	57.80%
47	滋賀県	57.60%

出典：文部科学省の「全国学力・学習状況調査」（2018 年度）より作成

また、広島県は大都市と自然が近いのも魅力である。広島県が特に優れているとまでは言わないが、地方というのは住みやすく生活がしやすいものである。

若者は、地域の良さや地元で生活することのメリットをあまり知らない。学校で受験勉強は教えるが、成績アップにつながらないこうした情報を教える機会は少ない。しかしながら、どの街に住むのかということは、人生において非常に重要な選択である。

広島の街は今、大きく変わろうとしている。就職を控えた学生に、広島の将来の可能性と東京等の大都会に出ることのリスクを知ってもらうことで、広島から転出する若者を減らし、県外の大学に通っている学生に帰ってきてもらうことが望ましい。本書が、そのための一助となれば幸いである。

〈参考文献・資料〉
・広島県ホームページ「ひろしま未来チャレンジビジョン改訂版」第2章「人口ビジョン」(https://www.pref.hiroshima.lg.jp/site/challenge/miraichallengevision-kaitei.html)

〈脚注〉
61．法務省「在留外国人統計」(平成29年度)の数値より。
62．広島市ホームページ(http://www.city.hiroshima.lg.jp/www/kouiki/contents/1466842691148/index.html)

あとがき

第Ⅰ部の「広島の過去」では、広島県は農耕に適した平野が少なく、交通の利便性も優れているわけではないが、楽天的・勤勉・情報感受性の高い県民性により、戦前は軍需産業、戦後は高度経済成長の波に乗り、中四国地方最大の工業県、商業県になったことを述べた。

第Ⅱ部の「広島の今」では、まず、豊かになった広島県がいくつかの理由から変革期を迎えようとしていることを述べた。第一に、広島県は人口減少社会に入った。広島市の人口はなお増加しているものの、間もなくピークを迎えると予測されている。広島は拡張・スプロール化の時代から、縮小・コンパクト化の時代へ転換しつつある。第二に、広島県は製造業を中心に発展してきたが、海外現地法人を設立する企業が増えており、輸出拡大から海外生産にシフトする可能性がある。第三に、海外からの観光客が増えているが、対応が進んでいるとはいい難い。そのため、こうした環境変化に的確に対応していかなければ、大阪と福岡に挟まれた広島は埋没してしまうおそれがあることを述べた。

第Ⅲ部の「広島の未来」では、広島の発展には交流人口の拡大が必要であり、そのための具体的な提言として、「戦争遺産」「宮島」「広島神楽」「ライブ公演」「スポーツ」による交流人口の拡大について述べた。さらに、定住人口の拡大につなげることの重要性についても、若者へのメッセージを込めて記した。これらの提言を考える上でのキーワードは、「本物志向」である。音楽はCDなどで聴くだけでなくライブやコンサートで楽しむものになり、野球はテレビで観るだけでなく球場で観戦するものになり、世界遺産や伝統文化といった、本当に価値のあるものに人が集まる時代になってきている。

こうした中、広島市中心部の紙屋町・八丁堀地区が都市再生緊急整備地域に指定された。新しい時代に対応した「にぎわいと交流の街」をどのように創造するかが問われている。成長するか、衰退するか。広島は今、その分岐点にある。

（謝辞）

私事ながら2016年4月、40年ぶりに広島に戻ってこられたことに加え、今回本書を発刊する幸運を得た。関係者に御礼を申し上げたい。

まず、広島経済同友会の皆さまである。大学の一教員に過ぎない小生を会員に加えていただき、まちづくり委員会など各種委員会で有益な情報や意見に接することができたことは、本書を作成する上で大きな糧になった。森信秀樹氏、池田晃治氏、佐々木茂喜氏の歴代代表幹事ほか、会員の皆さまに御礼申し上げたい。

次に、学校法人武田学園・広島文教大学の皆さまである。大学での実績に乏しい小生をご採用いただき、恵まれた研究環境をご提供いただいた。武田義輝理事長、角重始前学長、森下要治学長ほか、本学関係者の皆さまに御礼申し上げたい。

また、本学において3年間、延べ16名のゼミ生と共同で広島経済の研究を進めてきたことが、本書を作成する上で大変参考になった。各ゼミ生の研究テーマは、「熊野化粧筆」、「広島レモンのブランド化」、「インバウンドと食文化」、「ショッピングセンター」、「メディアの変化」、「図書館レファレンス」（以上、２０１７年卒）、「広島経済の歴史」、「広島のスタジアム問題」、「宮島観光」、「広島神楽」、「ＳＮＳと地域」、「広島空港」（以上、２０１８年卒）、「広島の国際化」、「インバウンドと神楽」、「広島カープ」、「農業問題」（以上、２０１９年卒）である。これらの研究がなければ、３年という短期間で本書は完成しなかったものと思う。御礼申し上げるとともに、幸多き人生を歩まれんことを祈念している。

最後に、上記以外のお世話になった方々、特に、小生の要望に沿って発刊していただいた南々社の西元俊典代表および、ご担当いただいた編集部の皆さまには厚く御礼申し上げたい。

なお、在任3年でまとめたため、認識不足や事実誤認の部分もあると思う。機会をとらえて見直していく所存にて、お気づきの点があれば、ご教授いただきたい。

２０１９年2月

松原　淳一

松原 淳一（まつばら じゅんいち）

広島文教大学グローバルコミュニケーション学科教授。広島経済同友会会員。

日本銀行福井事務所長、金融機関（大阪）の役員などを経て、2016 年 4 月より現職。

著書に『福井の経済』『マネー経済学』（いずれも晃洋書房）。

■装幀／スタジオギブ
■本文DTP／濱先貴之（M-ARTS）
■図版／岡本善弘（アルフォンス）
■編集／渡辺雄大

広島の経済

二〇一九年四月一日　初版第一刷発行

著　者　松原 淳一
発行者　西元 俊典
発行所　有限会社 南々社
広島市東区山根町二七-二
〒七三二-〇〇四八
電　話　〇八二-二六一-八二四三
FAX　〇八二-二六一-八六四七
振　替　〇一三三〇-〇-六二四九八

印刷製本所　株式会社 シナノ パブリッシング プレス

ISBN978-4-86489-093-9